Irene Heise

Mein persönliches
KATHARINA
VON SIENA
BUCH

Information
Reflexion
Meditation
Gebet
mit Katharina-ABC

ISBN 978-3-9500649-9-5
Alle Rechte vorbehalten.

© 2014 by Verlag Irene Heise
                    Paulinensteig 31/Haus 2, A-1160 Wien
                    Tel.: 0043 676 9652962
                    Internet: www.caterina-von-siena.de

Umschlaggestaltung und Layout: The Best Kunstverlag, 4600 Wels, Einsteinstraße 28
Fotodokumentation: Privatarchiv Irene Heise
Foto Irene Heise: Renate Fuchsjäger
Layout Fotodokumentation und Lektorat: Mag.Dieter Heise
Druck: The Best Kunstverlag, 4600 Wels, Einsteinstraße 28

Printed in Austria

INHALTSVERZEICHNIS

Zum Geleit

Liebe Leserin, lieber Leser!

Ob für Ihren persönlichen Gebrauch oder als Geschenk, für Pfarre, pastorale Praxis und Verkündigung, für Erwachsenenbildung oder Unterricht: Ich darf Sie sehr herzlich beglückwünschen, dass Sie Ihr persönliches „Katharina von Siena Buch" für sich entdeckt haben!

Die folgenden Seiten enthalten alles, was für Sie über Katharina wissenswert und hilfreich sein kann.

An einen Überblick über ihr faszinierendes **Leben**, eingebettet in die gesellschaftlichen, kirchlichen und politischen Gegebenheiten ihrer Zeit, schließen atemberaubende Einblicke in die Entwicklung der zutiefst mystischen **Christusbeziehung** Katharinas, ihre visionären Zwiegespräche mit Christus, bis hin zur Stigmatisierung.

Der Einführung in die bedeutendsten **theologischen Begriffe** bei Katharina folgt ein Überblick über ihre **Sakramententheologie**, vor allem bezogen auf eine barmherzige Praxis für wiederverheiratete Geschiedene.

Im darauf folgenden Kapitel wird Katharinas Begriff der „**inneren Zelle**" aufgegriffen und verwandten Metaphern der **Karmelspiritualität**, vor allem bei *Teresa von Avila,* gegenüber gestellt.

An eine ausführliche Betrachtung des **Gebets**, das Katharina in ihrem „Tränentraktat" originell mit verschiedenen Arten von Tränen vergleicht, schließt ein Kapitel zum Begriff „**Empathie**" bei Katharina an, gefolgt von einer Spurensuche nach **Aspekten von Trost** bei Katharina für Menschen nach Scheitern ihrer Ehe und Brüchen in ihren Lebenskonzepten.

Eine Kurzvorstellung unseres „**Geistlichen Forums Katharina von Siena**", entnommen aus der Broschüre der Erzdiözese Wien, Forum Kirchliche Bewegungen und neue Geistliche Gemeinschaften, und ein kleines **Katharina-ABC** runden die Betrachtungen ab.

Dazwischen finden sich **Gebete** und **Meditationen** Katharinas, für Ihre Praxis, liebe Leserin, lieber Leser, aufbereitet, das neue **Katharina-Lied** und die **Katharina-Litanei** in deutscher und italienischer Sprache. Für ganz speziell Interessierte sind ausführliche **Erläuterungen** zur Litanei aus den Werken Katharinas und ihrer Biografen samt Quellenangaben angeschlossen.

Einzelne **Fotodokumente** bieten einen ersten Einblick über Entwicklung und Aktivitäten des „Geistlichen Forums Katharina von Siena".

Man könnte uns fragen, wieso gerade diese Frau der Kirche - eine Mystikerin allerersten Ranges - uns heute, weit mehr als 600 Jahre später, Beistand und Stütze sein kann!

1. Katharina ist durch ihr erstaunliches Leben und Wirken zur Zeugin geworden für ein Leben jenseits unseres natürlichen Wahrnehmungshorizontes und die Wirksamkeit Gottes. Damit kann sie nicht nur für Zweifelnde eine Hilfe, sondern auch für alle eine stete Ermutigung sein: Es hat Sinn, sich für das Reich Gottes einzusetzen und dafür so manche Mühsal auf sich zu nehmen!

2. Katharina kann Mut machen zu einer tiefen Christusbeziehung - ganz im Sinne unseres Papstes *Franziskus!*

3. Sie hat selbst, zuletzt am Sterbebett, versprochen, von der Ewigkeit her noch mehr für die Menschen wirken zu wollen, als es ihr auf Erden möglich gewesen ist. Immer wieder haben das einzelne später auch erfahren dürfen.

Möge Katharina in ihrer spirituellen Faszination und Größe, wie zugleich in ihrer spürbaren Liebenswürdigkeit, auch Sie, liebe Leserin, lieber Leser, und die Ihnen Anvertrauten auf dem Lebens- und Glaubensweg begleiten. Und möge sie auch Ihnen „nützlich" sein, wie sie es einst vorausgesagt, ja versprochen hat.

Dies wünscht Ihnen von Herzen, auch im Namen des „Geistlichen Forums Katharina von Siena",
Ihre Irene Heise

Caterina von Siena:
PLÄDOYER FÜR EINE WEITE DES HERZENS

Die vollkommene Liebe ist großzügig.
Sie weitet das Herz in der Liebe zu Gott
wie auch in der Hingabe an ihren Nächsten.

Und darum weiß sie aus Liebe zum Schöpfer
die Fehler der Menschen in Geduld zu ertragen.
Sie ist mitfühlend und nicht grausam.

Darum nimmt sie um der Liebe Gottes willen
den Nächsten liebend-mitleidsvoll auf.

In hingebender Liebe begegnet sie allen,
als ob es ihre eigenen Kinder wären.

(Aus Brief 33, bearbeitet und gestaltet durch:
Irene Heise, **Geistliches Forum Katharina von Siena**, Wien)

Leben und Wirken der hl.Katharina

1. Das 23. Kind ihrer Eltern

Caterina Benincasa (hier auch „*Katharina von Siena*") wird *am 25.März 1347* (am Fest der Verkündigung des Herrn, damals zugleich Palmsonntag) in eine überaus kinderreiche sienesische Familie als 23. und letztes Kind hineingeboren. Ihre Zwillingsschwester *Johanna* stirbt kurz nach ihrer Geburt. *Lapa di Puccio di Piagenti* ist die Mutter Katharinas, der Vater, *Jacopo (Giacomo) Benincasa*, ist Meister der Tuchfärberzunft und einer der Führer der *Volkspartei „Popolani"*. Die Familie ist trotz ihrer hohen Kinderzahl relativ wohlhabend, wird aber nach dem frühen Tod des Vaters (1368) verarmen.

Katharina wird ihr ganzes Leben lang eine „Popolana", ein Kind des Volkes, bleiben, in dem sich der Bürgerstolz gegen die „hohen Herren" immer lebendig erhalten und in späteren Briefen immer wieder erfrischend zum Ausdruck kommen wird. Auch ihre gewissenhafte Kirchlichkeit bekommt Katharina bereits im Elternhaus mit auf den Weg, werden die *Popolani* doch in den Wirren der folgenden Jahre einen verlässlichen Rückhalt für Kirche und Papsttum bedeuten.

Bereits ein Jahr nach der Geburt Katharinas verwüstet die Pest Europa. In Siena wird fast die halbe Stadt hinweggerafft, die Überlebenden geraten in Extreme: die einen werden entflammt bis zur äußersten Buße und Entsagung, die anderen angetrieben zu einem Ausschöpfen der Sinnlichkeit bis zur Neige. Schon in dieser Zeit beginnt die starke Zweisamkeit von Papst und Kaiser auseinander zu brechen. *Tommaso dalla Fonte*, der *Cousin Katharinas*, wird nach dem Tod seiner Eltern in die Familie Benincasa aufgenommen und wächst von da an als Ziehbruder mit Katharina zusammen auf.

Katharina entwickelt schon außergewöhnlich früh eine ausgeprägte Spiritualität, die sie so sehr beflügelt, dass man sie zuweilen schon damals über Treppen schweben sieht. Darüber hinaus beginnt sie mit ihren Bußübungen. Dem Beispiel großer Wüstenväter folgend, versucht sie sich für einige Stunden vor den Toren der Stadt in einer Höhle im Geheimen als Einsiedlerin, kehrt aber dann doch nach Hause zurück, bevor ihr Verschwinden auffällt.

Im Jahr 1353 erlebt sie auf dem Heimweg von der Dominikanerkirche ihre erste, über ihren weiteren Lebensweg entscheidende *Christusvision*: Es erscheint ihr Christus, mit päpstlichen Gewändern bekleidet, und segnet sie. Katharina beschließt, ihr Leben ganz Gott zu weihen; sie zählt nicht zu den Heiligen mit inneren Zweifeln und Bekehrungen. Man könnte sagen, schon von früher Kindheit an steht sie spirituell ganz „fertig" da, seit dem Erwachen ihrer Vernunft gleichsam in „eingegossener Vollkommenheit", und lernt, mit Ekstasen zu leben. Schon siebenjährig weiht sie sich ganz Gott in einem *privaten Gelübde*, in vollem Bewusstsein der Bedeutung dieses Schritts.

2. Die Dominikaner-Mantellatin

Bereits als Katharina zwölf Jahre alt ist, bemühen sich die Eltern - wie damals in Italien üblich -, ihre Tochter möglichst attraktiv zu präsentieren, um sie zu verheiraten, wogegen sich Katharina sträubt. Erst als sich ihre ältere Lieblingsschwester *Bonaventura* diesen Bemühungen anschließt, lässt sie sich vorübergehend darauf ein, sich attraktiver zu kleiden und Schmuck anzulegen.

Der unvorhergesehene Tod Bonaventuras nach einer Geburt lässt die nun 15-jährige Katharina endgültig zurückfinden zu ihrer hohen Berufung: Heimlich schneidet sie sich die Haare, wodurch sie einen schweren Konflikt mit den Eltern heraufbeschwört. Um sie „zur Vernunft zu bringen", wird sie zu Magddiensten im Elternhaus eingeteilt und dafür gesorgt, dass sie möglichst nie allein und immer beschäftigt ist. In dieser Zeit lernt sie, sich in ihre „*innere Zelle*" zurückzuziehen, wo sie trotz aller Betriebsamkeit mit Gott allein sein kann. Einzig *Tommaso*, inzwischen herangewachsen und in den *Dominikanerorden* eingetreten, erkennt die außergewöhnliche spirituelle Berufung seiner Ziehschwester; er übernimmt die Rolle eines *Beichtvaters und ersten geistlichen Führers* für Katharina. Der Tod einer weiteren leiblichen Schwester gibt Katharina den letzten Anstoß zu einer öffentlichen Erklärung, niemals heiraten zu wollen.

Zugleich verstärkt sie ihre Buße und beginnt zu *fasten*. Immer noch hoffen die Eltern, Katharina ihre vermeintlichen Flausen austreiben zu können.

Den Dominikanern ist Katharina seit frühester Jugend zugetan. Auch hier ist der häusliche Widerstand groß, als sie sich in früher Jugend der dominikanischen Laiengemeinschaft der *„Mantellatinnen"* (benannt nach ihrem typischen schwarzen Mantel, später genannt *„Schwestern von der Buße"*), anschließen will. Die Mitglieder sind meist Witwen, leben nach einer im Jahr 1285 vom damaligen Ordensgeneral verfassten Regel, aber ohne öffentliches Zusammenleben und ohne öffentliche Gelübde, und sind caritativ tätig. Endlich, nach einer sie vorübergehend äußerlich entstellenden Krankheit, darf sich Katharina 17-jährig den *Mantellatinnen* anschließen.

In tiefer Gottverbundenheit erschauend, dass einem fruchtbaren caritativen Dienst die innere *Einkehr, Gebet und Fasten* voranzugehen haben, zieht sich Katharina für ganze *drei Jahre* von der Umwelt in einen winzigen Raum zurück. Sie lebt in strenger *Buße, Entsagung und Betrachtung* und verlässt das Zimmer nur, um in die nahe Dominikanerkirche zu gehen. Auch empfängt sie die Gabe, ihren Schlaf nach und nach so sehr zu bezwingen, dass sie sich schließlich nur mehr eine halbe Stunde zur Ruhe begibt. Später wird sie eingestehen, dass sie keinen Sieg so hart erkämpfen habe müssen, als die *Überwindung ihres Schlafbedürfnisses*. Es ist die rein mystische Periode ihrer Jugend, gipfelnd in der *mystischen Vermählung*, verbunden mit der Zusage Gottes, sie werde „diesen Glauben stets unversehrt bewahren". Mit der mystischen Vermählung erhält sie auch einen *Ring* an den Finger gesteckt, den nur sie zeitlebens zu sehen vermag.

3. Beginn des Apostolats

Während dieser extrem zurückgezogenen Zeit lernt sie durch Christus selbst das Lesen, und sie erhält die *Gnade der Schau endzeitlicher Dinge und Zusammenhänge*. Am Ende dieser Periode erhält Katharina von Gott den *Auftrag, in das tägliche Leben zurück-*

zukehren und ein öffentliches Wirken zu beginnen. Zugleich sagt Gott ihr - im ersten Moment tief bestürzt aus Sorge, aus der gewohnten Entrückung herausgerissen zu werden - seine fortbestehende, spürbare und sichtbare Nähe auch „in der Welt" zu.

Allmählich - begründet durch die übernatürliche Ausstrahlung Katharinas und den sich mehrenden, nicht zu übersehenden Anzeichen dafür - gibt der Vater, später auch die Mutter den Widerstand auf. Als der Vater stirbt, vermag Katharina in der übernatürlichen Schau seines Heimganges nicht zu trauern. Nach seinem Tod wird auch die Mutter Lapa für Katharina zu einer treuen Gefährtin. Sie wird sich Katharinas außergewöhnlicher Kompetenz unterordnen, ihre Tochter um fünf Jahre überleben, um, gemeinsam mit vielen anderen, ein gewichtiges Zeugnis zu geben für ihre außergewöhnliche Erwählung von Kindesbeinen an, unzählige Entrückungen, Ekstasen, etliche Wunder und Bekehrungen.

Im Jahr 1370 erlebt Siena eine Hungersnot. Der ganze Sommer bedeutet für Katharina eine Zeit intensiver mystischer Erfahrungen und verstärkten Fastens. Ihr geistliches Leben erreicht einen Höhepunkt in einer todesähnlichen Erfahrung, dem „*mystischen Tod*": Vier Stunden lang hält man sie für tot, und sie *bekommt von Christus geweissagt, dass er sie vor Päpste und Fürsten stellen werde.* Es ist exakt das Jahr, in dem der damalige *Papst Urban V.* seine Residenz in Rom verlässt und wieder nach Avignon zurückkehrt. Allerdings verstirbt er bereits einen Monat darauf und *Gregor XI.* folgt ihm in *Avignon* auf den päpstlichen Thron. Noch ist Katharina nicht involviert in die Geschehnisse, als die neue päpstliche Politik in Konflikt mit den Machthabern von Mailand und den toskanischen Städten tritt.

Bis zu diesem Jahr beschränkt sich Katharinas Wirksamkeit hauptsächlich auf eine intensive, überaus aufopfernde Tätigkeit unter den Armen und Kranken im sienesischen *Krankenhaus La Scala* und im *Aussätzigenhaus San Lazaro*. Mit besonderer Liebe nimmt sie sich auch der Bekehrung jener an, die unter dem Laster der Undankbarkeit leiden und sie für ihre Dienste sogar schmähen und verleumden. Sie ist die große Hoffnung der Bedrängten;

zahlreiche wunderbare Begebenheiten machen die Runde, und Katharina wird zum Gegenstand der Neugierde, der Bewunderung, aber auch des Anstoßes und der Anfeindungen. Ihr *Einfluss auf SünderInnen* und Verbrecher ist einzigartig: Unter der Aura der Heiligen und ihren zwingenden Augen bekehren sie sich.

Seit dem Todesjahr des Vaters beginnt der Dominikaner *Bartolomeo di Dominici*, einen ersten Kreis von GefährtInnen um Katharina zu versammeln. Die „famiglia" Katharinas (auch „*La bella brigada*" genannt, „*Die schöne Truppe*") wird immer mehr wachsen: Sie, die keine Schule besucht hat, gibt, in ihrem Sprechen erleuchtet, so viele Beispiele himmlischer Weisheit von sich, dass sie eine einzigartige Familie von SchülerInnen anzieht, die wie Kinder die Nahrung für ihren Geist aufsaugen und sie, häufig selbst an Jahren wesentlich älter, ihre „Mamma" nennen. Sie überlassen sich ganz dem Heiligen Geist, der aus ihr spricht. Es handelt sich bei Katharinas „famiglia" um eine in der Kirchengeschichte wohl einmalige Formation: Sie umfasst neben ihren Mitschwestern, den Mantellatinnen, Dominikaner und andere Ordensmänner und -frauen und Priester sowie zunehmend auch Laien beiderlei Geschlechts. Für das Seelenheil aller dieser „ihrer Kinder" fühlt sich Katharina verantwortlich; die Mitglieder bleiben zwar jede/r in seinem/ihrem Aufgabenbereich, stehen Katharina aber verlässlich zur Verfügung nach Zeit und Bedarf, treffen einander zum Gebet, hören ihr zu und unterstützen und schützen ihre öffentliche Tätigkeit. Zu den treuesten GefährtInnen Katharinas zählen die Mantellatinnen und engen Vertrauten *Alessa di Saracini* und *Francesca (Cecca)* die *Clemente Gori* sowie die Sekretäre *Stefano Maconi, Neri di Landoccio Pagliaresi* und *Barduccio di Canigiani*.

4. Die Gabe der Seelenschau

„Es muss eine merkwürdige Schar gewesen sein, wenn sie auf Reisen unterwegs waren oder einander bei Versammlungen trafen: Adelige in farbenprächtigen Gewändern zwischen dem nüchternen Schwarzweiß der Mantellatinnen, Politiker, Mönche, Bankiers und Künstler, die alle auf das Wort einer (sehr jungen!) Frau hörten. Sie ist die fraglos anerkannte Autorität, die sich durchsetzt und fordert. Zugleich aber ist ihr Wesen voll Güte und Liebe. Weil sie selbst unmittelbar von Gott geführt wird, gibt es für ihre Verehrer nur eine Art von Beziehung: die Jüngerschaft." (Aus der „Legenda Major", ihrer Biographie nach *Raimund von Capua*).

Überaus zahlreich sind die Zeugnisse, die von Katharinas ganz *außergewöhnlichen, mystischen Begabungen sprechen,* so dass *ob ihrer Glaubwürdigkeit keine Zweifel offen bleiben.* Wenn auch die unzähligen, längst nicht alle schriftlich aufgezeichneten Wunder „... nur Siegel ihrer Sendung, aber nicht das Wichtigste" sind, zählen bei Katharina in erster Linie doch die *bis in größtmögliche Vollendung hinein entwickelten Tugenden,* wobei die Biographen ihre schier grenzenlose *Geduld* mit allen, denen sie begegnet, besonders herausstreichen.

Es wird Katharina von Gott die *Gabe der Seelenschau* zuteil: „Weil du... dich ganz und ohne Einschränkungen mir, dem höchsten Geist, hingegeben hast,... will ich deiner Seele ein Licht geben, mit dem du die Schönheit und Hässlichkeit der Seelen aller, die sich dir nähern, erkennen kannst; wie die leiblichen Sinne die Beschaffenheit der Körper erfassen, so werden von nun an die Sinne deiner Seele die geistige Beschaffenheit erfassen, und nicht nur der Menschen deiner Umgebung, sondern von allen, um deren Heil du dich kümmerst und für die du aus ganzem Herzen betest, selbst wenn sie niemals vor deine leiblichen Sinne getreten sind oder treten werden.".

Diese Gabe geht so weit, dass später einer ihrer Sekretäre vor dem Heiligsprechungsprozess aussagen wird: „Wir konnten vor ihr nichts verbergen, vielmehr offenbarte sie uns, was wir als unsere Geheimnisse angesehen hatten. Deshalb sagte ich einmal zu ihr: ‚Wahrhaftig, Mutter, in Eurer Nähe zu sein ist gefährlicher, als über das Meer zu wandeln, denn Ihr seht alles, was uns verborgen ist.' Sie selbst erklärte mir einmal im Geheimen: ‚... Über die Herzen derer, für die ich mehr als für andere Sorge tragen will, kann kein Makel und keine Wolke irgend eines Mangels so schnell kommen, dass ich es nicht sogleich sehen würde, denn es ist der Herr, der es mir zeigt.'". Auch ihrem Beichtvater enthüllt Katharina Dinge, die sie nachweislich nirgendwo gehört haben kann. Und als Katharina einmal erfährt, ein Kartäusermönch fände keine Gelegenheit, sie in einer konkreten Not anzusprechen, schreibt sie ihm einen Brief und schenkt ihm durch ihr Schreiben „... Sicherheit hinsichtlich des erwähnten geheimen Zweifels. Es war, als wäre der Mönch persönlich vor ihr gewesen und hätte ihr das Geheimnis seines Herzens bis aufs Letzte enthüllt." (aus dem „Supplementum von Katharinas Schüler *Tommaso Caffarini*).

5. Die Gabe der Prophetie

Als wenn es noch nicht genug wäre, wird Katharina auch die *Gabe der Prophetie* zuteil. Auf Grund ihrer Seelenschau vermag sie nicht „nur" die innersten Gedanken der anderen zu „sehen", von ihr sind auch Prophezeiungen für Zukünftiges erhalten. So wird von Seiten ihres späteren Beichtvaters und Biographen, *Raimund von Capua*, ein Gespräch während ihres Aufenthaltes in Pisa berichtet, in dem sie schon Jahre zuvor die Kirchenspaltung voraussieht, und über dessen Wahrheitsgehalt Raimund „Himmel und Erde zu Zeugen" anruft: Raimund bricht in Tränen über den Zustand der Kirche aus, als Katharina bemerkt: „Beginnt nicht so schnell mit euren Klagen, denn Ihr werdet noch genug zum Weinen haben. Was Ihr jetzt seht, ist Milch und Honig im Vergleich zu dem, was noch kommen wird... Was Ihr jetzt seht, das tun Laien. Bald aber werdet Ihr sehen, um wie viel schlimmer das sein wird, was die Geistlichen tun werden... Dann werden sie nämlich in der ganzen heiligen Kirche Gottes für einen allgemeinen Skandal sorgen, der die Kirche wie eine verderbliche Häresie spalten und in Aufruhr versetzen wird." Raimund versteht nicht, was sie sagen will: „Ganz betroffen und wie von Sinnen wandte ich ein: ‚Meine Mutter, werden wir dann eine Häresie und neue Häretiker bekommen?' Sie erwiderte: ‚Es wird nicht eine regelrechte Häresie sein, aber doch eine gewisse Ketzerei, eine Spaltung der Kirche und der ganzen Christenheit.'... Ich gestehe, dass ich sie damals nicht ganz verstanden habe..., ich glaubte damals, dies alles müsste sich in der Zeit des damaligen Papstes *Gregor XI.* ereignen. Als dieser gestorben war, hatte ich die besagte Weissagung schon beinahe vergessen... Wie sich alles verwirklichte, was mir Katharina vorausgesagt hatte, machte ich mir selbst Vorwürfe wegen meiner geringen Einsicht."
(LMaj).

6. Die Gabe der Heilung von körperlichen und seelischen Erkrankungen und von „Besessenheit"

Darüber hinaus besitzt Katharina die *Gabe der Heilung von körperlichen und seelischen Erkrankungen.* Eine Berührung mit Reliquien und Gegenständen aus ihrem Besitz wird sogar nach ihrem Tod noch Unzählige von ihren Leiden befreien. Zahlreich sind die Berichte von Krankenheilungen in den Biographien, und schließlich wird es *Raimund von Capua* selbst sein, den sie vor dem sicheren Tod bewahrt, nachdem er 1374, als die Pest neuerlich Italien heimsucht, mit der todbringenden Seuche infiziert wird. Ein maßloser Schrecken erfasst ihn, als auch er - angesteckt auf seinen, von Katharina eingeforderten Krankenbesuchen - die Geschwulst einer Pestbeule ertastet. Durch sein Zeugnis erhalten wir einen einzigartigen Einblick in das Heilungsgeschehen. Raimund ist bereits nicht mehr in der Lage, das Bett zu verlassen. „Als sie dann kam und mich in diesem üblen Zustand fand und von meinem Leiden gehört hatte, beugte sie sogleich vor meinem Lager das Knie, berührte mit der Hand meine Stirn und begann in ihrer gewohnten Weise wortlos zu beten. Während sie betete, sah ich sie ihrer Sinne entrückt, wie ich sie bei anderen Gelegenheiten oft gesehen hatte... Während sie also etwa eine halbe Stunde so verharrte, spürte ich in allen Gliedern meines Körpers eine völlige Veränderung...; vielmehr schien es mir, als würde gleichsam mit Gewalt etwas aus den Gliedern meines Leibes herausgezogen. Ich begann mich besser zu fühlen...

Was soll ich noch mehr sagen? Noch ehe die heilige Jungfrau aus ihrer Ekstase wieder erwachte, war ich völlig geheilt. Nur eine gewisse Schwäche blieb zurück, wohl als Zeichen der überstandenen Krankheit. Oder wegen der Schwäche meines Glaubens?" Katharina ordnet an, ihm etwas zu essen zu bringen, und er empfängt die Stärkung aus ihren Händen. Daraufhin lässt sie ihn noch ein wenig ausruhen. „Als ich mich wieder erhob, war ich so gestärkt, als hätte ich nichts gelitten. Sie merkte es und sagte: ‚Geht an das Werk zum Heil der Seelen und dankt dem Allerhöchsten, der Euch dieser Gefahr entrissen hat!'" Keinen Moment lang „genießt" sie die Wirkung dieser Heilung oder auch nur Raimunds Dankbarkeit, unverzüglich wendet sie sich wieder dem Heilswirken zu. (LMaj).

Schließlich wird Katharina auch die *Gabe* zuteil, *einzelne Mitmenschen von ihrer Besessenheit zu befreien* - eine Gnade, die sie offenbar selbst lieber fliehen würde! So wird von einem Fall berichtet, als sie anfangs davonläuft und sich zu verstecken sucht nach den Worten: „Mir reicht schon der Kampf, den die Dämonen gegen mich führen. Da brauche ich nicht auch noch die bösen Geister der anderen!" (aus der „Legenda Minor" , ebenfalls von *Tommaso Caffarini*).

Ausführlich wird von einem anderen Fall berichtet, der sich in einem Schloss nahe Siena zuträgt. Nachdem bekannt ist, dass Katharina Dämonenaustreibungen fliehen möchte, führt man die Besessene, ein Dienstmädchen der Baronin des Schlosses, in ein Zimmer, wo sie Katharina zufällig begegnen wird müssen. „Als aber Katharina in das Zimmer trat, erkannte diese sie sofort und verstand, dass die ganze Sache so eingefädelt worden war." Atemberaubend der - später von zahlreichen Anwesenden einstimmig bezeugte - Bericht: „Mit großer Autorität" ergreift sie den Kopf der Besessenen, legt ihn auf den Schoß dessen, der neben ihr sitzt, und sagt: „Ich befehle dir im Namen Jesu Christi, dass du dich nicht von hier wegbewegst, bis ich wieder zurückkomme, denn ich will nicht, dass du das Gute verhinderst, was getan werden muss.... Als sie gegangen war, schrie der Teufel laut durch den Mund dieser Frau und klagte, dass er so sehr gequält werde. Als die Anwesenden sagten: ‚Warum gehst du nicht weg? Du bist weder mit Ketten noch mit Seilen gefesselt und die Ausgangstür ist offen.' Er antwortete: ‚Ich kann mich nicht bewegen, weil diese Abscheuliche mich mit ihrem Befehl angebunden hat.'" Den Namen Katharinas vermag der Dämon nicht auszusprechen, kann aber ständig die Orte nennen, wo sie sich gerade aufhält. „Er zählte genau die Orte auf, an denen sie sich befand, bis sie ins Zimmer zurückkam. Als er sie sah, schrie er laut... Da sagte Katharina: ‚Geh weg, du Elender, komm heraus und belästige dieses Geschöpf Jesu nicht länger! Ich befehle dir, nie wieder zurückzukehren.' Als sie das gesagt hatte, fuhr der Teufel aus dem Körper aus. Nur im stark geschwollenen Hals bewegte er sich noch heftig und unkontrolliert. Da machte Katharina mit ihrer heiligen Hand das Kreuzzeichen über dem Hals und verjagte den Teufel endgültig, der mit großem Getöse verschwand." Nachdem die

Frau die Augen öffnet, wundert sie sich über ihren Aufenthaltsort und die Versammlung um sie herum. Sie vermag sich an nichts zu erinnern, nur die Glieder schmerzen sie, als hätte man sie mit einem Stock verprügelt. Auch in diesem Fall verweilt Katharina keine Sekunde länger als nötig in dieser Situation und lässt ihr etwas zu essen bringen. (LMin).

7. Predigerin mit Ausnahmegenehmigung

Selbstverständlich geht die Ausweitung dieser Aufsehen erregenden Wirksamkeit einer - nach menschlichem Ermessen - einfachen, vom profanen Standpunkt aus gesehen völlig ungebildeten, jungen Frau nicht ohne *Widerstände* vor sich! Sogar in den vornehmsten Palazzi wünscht man sie zu sehen, damit sie unter den entzweiten Familien Frieden stifte. Bald eilen „Tausende" zu ihr, um sie zu sehen, zu hören und Trost bei ihr zu finden. Doch ein weibliches Apostolat und öffentliches Predigen ist auch grundsätzlich verboten, weswegen es einer *Ausnahmegenehmigung* bedarf. Die Gegnerschaft wächst bedrohlich an, sogar einige Mantellatinnen und Dominikaner wenden sich gegen sie. „Sie maßen ihre Taten und Worte nicht mit dem Maß, mit dem der Herr sie der Seele seiner Braut auf einzigartige Weise einflößte, sondern nach dem gewöhnlichen Maß aller, beziehungsweise nach dem eigenen Maß. Von ihrem Standpunkt in den Niederungen beurteilten sie die Gipfel der Berge." (LMaj).

Der Generalmagister der Dominikaner erteilt Katharina nach ausgiebiger Prüfung die Erlaubnis zu ihrem öffentlichen Wirken: 1374 wird ein *Generalkapitel des Ordens von Florenz* einberufen, das mit einer Rechtfertigung Katharinas endet. Obwohl Katharinas gesamtes Leben und Wirken überreichlich, ja außergewöhnlich genau dokumentiert ist, schweigen sich die überlieferten biographischen Quellen über den Inhalt der Dispute auf dem Generalkapitel aus!

Zur gleichen Zeit überträgt der Dominikanerorden seinem Generalmagister *Raimund von Capua* die *geistliche Leitung für Katharina und ihre „famiglia"*. Er ist nun für sie die einzige zuständige Autorität und wird später in seiner Legenda Major der Nachwelt das wichtigste, großartige Zeugnis für Katharinas Leben und Wirken hinterlassen. Katharina betrachtet Raimund als besonderes Geschenk, das ihr von *Maria*, der Mutter Gottes übergeben worden ist. Er wird auf Grund seines Weitblicks für Katharinas Entwicklung zur „politischen Heiligen", zur „Mystikerin des Apostolats" von Bedeutung sein.

Im selben Jahr kommt der geistliche Leiter der kurz zuvor in Rom verstorbenen, Katharina in der Sorge um das Papsttum vorangegangenen *Birgitta von Schweden* auf Ersuchen des Papstes zu Katharina, um mit ihr Rücksprache zu halten: *Gregor XI.* erwartet von Katharina eine *Einsicht in die Pläne Gottes* - eine Quelle, die ihm mit dem Tod *Birgittas* verloren gegangen ist.

8. Weltsendung, kirchliche und politische Bedeutung

Die öffentliche Anerkennung und Rechtfertigung durch den Ordenssenat bereitet den Boden für die „*(kirchen-)politische*" Heilige: Die Sendung zum Apostolat nach ihrem mystischen Tod war „nur" die innere Vorbereitung gewesen für ihre kommende *Weltsendung*. Was mit der Versöhnung zwischen verfeindeten Personen und Familien begonnen hat, weitet sich allmählich aus auf eine *Aussöhnung zwischen Städten und Republiken*. „Sie, die Tochter eines Handwerkers und einer Frau ohne Bildung, d.h. ohne Schule und Unterricht, hatte einen Weitblick, der die Grenzen ihres Stadtviertels überwand und weltweite Dimensionen annahm, wie sich in ihren Redewendungen zeigt." (*Papst Johannes Paul II., Amatissima Providentia*, Apostolisches Schreiben zum 600.Todestag Katharinas, 29 04 1980).

Die Bindungen zwischen dem Apostolischen Stuhl und der Stadt Florenz verschlechtern sich immer mehr, und Katharina tut alles ihr Mögliche, um die Städte davon abzuhalten, auf Grund ihres untereinander geschlossenen Vertrages gegen *Papst Gregor XI.* vorzugehen. Mit aller Kraft bemüht sie sich, Florenz mit dem Papst zu versöhnen, der über die Stadt das Interdikt verhängt hat. Die Zeit ist gekommen, dass Gott Katharina zu ihrer dreifachen kirchlichen Sendung ruft: *Heimholung des Papstes aus dem Exil in Avignon, sittlich-religiöse Reform der Kirche und Kampf gegen das ausbrechende Schisma.*

In kirchlicher Hinsicht ist das gesamte 14.Jahrhundert zu drei Viertel vom Aufenthalt der Päpste in Avignon gezeichnet und danach vom abendländischen Schisma, das sich sogar bis zum Jahr 1417 hinziehen wird. *Keine andere Frau war jemals so viel in Kontakt mit den Päpsten als Katharina;* über Jahre hindurch hat sie beratenden Einfluss und Anteil an den wichtigsten kirchlichen Ereignissen. So versucht sie, die Städte Lucca und Pisa heraus zu halten aus der antipäpstlichen Front, ermutigt und *drängt Papst Gregor XI. zur Rückkehr nach Rom*, reist selbst nach *Avignon* und dann im Auftrag des Papstes nach *Florenz*, um den Friedensprozess zu beschleunigen. Hilferufe aus dem Nahen Osten und dem Balkan auf Grund der Expansion des Islam bewegen Katharina, sich der Idee des Papstes zu einem neuerlichen Kreuzzug anzuschließen. Sie will die christlichen, sich gegeneinander richtenden Kräfte des Abendlandes vereinigen, um die heiligen Stätten zu befreien und den Ungläubigen die Gnade der Erlösung bringen. Zugleich verspricht sie sich in einem solcherart vereinten Vorgehen eine Versöhnung untereinander und mit dem Papst. Für sie wäre ein Kreuzzug keine politische Angelegenheit, sondern ein „santo passaggio", eine „Heilige Fahrt", an dem auch Frauen (und nicht zuletzt sie selbst) Teil nehmen sollten. Es wird jedoch nicht dazu kommen.

Im Jahr 1375 empfängt Katharina die *Wundmale Christi*, die auf ihren ausdrücklichen Wunsch für ihre Mitmenschen unsichtbar bleiben. 1377 gründet sie auf der ihr geschenkten Burg Belcaro, nahe Siena, das *Dominikanerinnen-Kloster „Maria von den Engeln"*. Sie beginnt an ihrem „Buch" (dem „*Dialog der göttlichen Vorsehung*") zu arbeiten, das im Oktober 1378 zum Abschluss kommen wird. Im Juli des selben Jahres kommt es zum Friedensschluss zwischen Florenz und dem Heiligen Stuhl.

Nach dem *Tod Gregors XI.* im Jahr 1378 setzt sich Katharina ein für die rechtmäßige Wahl des Nachfolgers *Papst Urban VI.* und organisiert einen „Rat der Mystiker" zur Unterstützung des Papstes. Im September kommt es mit der Wahl des *Gegenpapstes Clemens VII.* zur Kirchenspaltung, dem von ihr vorausgesagten *Schisma*. Katharina kann die Spaltung zwar nicht verhindern, dennoch erreicht sie vieles, was dem Kaiser nicht gelungen ist. Als *Kaiser Karl IV.* 1378 in Prag stirbt, zieht Katharina - von Papst Urban VI. eingeladen - mit vierundzwanzig „Getreuen" in Rom ein, um den Stuhl Petri zu stützen und mit Rom zu verankern. Das Werk vollendet also nicht ein Politiker, sondern die Heilige, der „*Schutzengel der Kirche*" (*Papst Johannes Paul II.*)! Es ist Katharina zu verdanken, dass es in Italien nicht zum Bruch mit der Kirche gekommen ist. Die Gefahr war jedenfalls gegeben. Und - fast ganz "nebenbei", möchte man sagen - ist Katharina ein wesentlicher Teil der *spirituellen Erneuerung des Dominikanerordens* zuzuschreiben, beziehungsweise der entscheidende Anstoß zu einer Reform überhaupt. (LMaj,).

9. Katharinas letzte Tage und Heimgang

Katharina verbringt den Rest ihres Lebens an der Seite des Papstes in der völligen Bereitschaft für den Dienst an der Kirche. Inzwischen ernährt sie sich nur mehr vom „Brot des Lebens", der *Eucharistie*, und Wasser. Ihre Wohnung in Rom wird mit Billigung des Papstes *Urban VI.* ein *Zentrum diplomatischer Aktivität*: Briefe und Boten gehen aus nach allen Seiten zu den Mächtigen Italiens und den Regierenden Europas, zu den Kardinälen, um ihnen Mut zuzusprechen oder sie zu maßregeln, zu Soldaten des Papstes zur Ermutigung, zum Volk zur Besänftigung, Briefe an den Papst selbst mit Vorwürfen und flehentlichen Bitten um barmherziges Handeln. Viele ihrer SchülerInnen leben mit Katharina zusammen, *Raimund von Capua*, inzwischen zum *Prior des römischen Dominikanerklosters Santa Maria sopra Minerva* gewählt, wird an den französischen Hof zu *Kaiser Karl V.* berufen, um ihn für den rechtmäßigen Papst zu gewinnen. Der Abschied ist schmerzlich, Katharina wird ihn nicht mehr wiedersehen.

Zu Beginn des Jahres 1380 verschlechtert sich Katharinas Gesundheitszustand immer mehr. Trotzdem schleppt sie sich jeden Morgen nach St.Peter, um dort den ganzen Tag für die Kirche betend zu verbringen. Am Abend diktiert sie ihre letzten Briefe, der allerletzte vom 15.Februar ist an Raimund gerichtet. Vom 26.Februar an muss sie ständig das Bett hüten. Im März gibt sie *letzte Anweisungen*, fasst ihre bisherigen Unterweisungen zusammen und hinterlässt allen einzeln noch ein persönliches Wort. Sie *vertraut ihren engsten Mitstreitern ihre Schriften an mit der Anweisung, nach ihrem Gutdünken damit zu verfahren.* Ihre letzten Worte werden, vom damals Anwesenden Notar *Barduccio di Canigiani* dokumentiert, später ihren Eingang in Raimunds „Legenda Major" finden. *Sie verspricht dabei nicht zuletzt, nach ihrem Tod „nützlicher" zu sein, als sie es in ihrem Erdenleben sein konnte.*

Am 29.April 1380 stirbt Katharina im Alter von 33 Jahren im Beisein ihrer leiblichen Mutter und einiger GefährtInnen.

Auch nach Katharinas Heimgang geschehen zahlreiche Wunder und Heilungen: Eine Menschenmenge strömt herbei, um ihren in der römischen Dominikanerkirche *Santa Maria sopra Minerva* aufgebahrten Leichnam (oder wenigstens ihr Gewand) zu berühren. Schließlich müssen Eisengitter zum Schutz des Leichnams angebracht werden.
Das von Papst Urban VI. angeordnete, feierliche Begräbnis droht wegen des übermäßigen Zulaufs und der lauten Klagen zu entarten, die Predigt muss abgebrochen werden: „Ich hatte beschlossen", verkündet der Prediger, „etwas zum Lob dieser heiligen Jungfrau zu sagen. Doch wie alle sehen können, hat sie unsere Predigten nicht nötig, da ihr himmlischer Gemahl sie selbst zur Genüge preist und ehrt." (LMin).

Katharinas Leichnam erhält ein Marmorgrab in der *römischen Dominikanerkirche Santa Maria sopra Minerva*. Ihr Haupt wird 1385 - noch im Beisein ihrer Mutter - nach Siena überführt und in die dortige Dominikanerkirche übertragen.
Erst später, nach der Heiligsprechung Katharinas, erwirbt die Stadt Siena ihr Geburtshaus. Die ehemalige väterliche Werkstatt sowie die Küche werden zur Kapelle umgebaut, im Garten eine Kirche errichtet.

Zentren besonderer Verehrung werden die Wirkungsstätte *Tommaso Caffarinis* in *Venedig* sowie die (ehemalige) *österreichische Kartause Seitz: Stefano Maconi*, einer der bedeutendsten Sekretäre Katharinas, ist, einem ihrer letzten Wünsche folgend, in den Kartäuserorden eingetreten und wird ihn später als Generalprior leiten.

10. Kirchliche Würdigungen Katharinas

1411 beginnt der als Vorbereitung für eine Kanonisierung ange-strengte *„Prozess von Castello"* (ein Informativprozess, benannt nach dem Ortsteil von Venedig, in dem zu dieser Zeit die Bischöfe residieren), in dem noch einige, inzwischen betagte Augen- und Ohrenzeugen Katharinas unter Eid aussagen können. Um die Sammlung des dafür zusätzlich erforderlichen Materials, Biogra-phien und weitere schriftliche Zeugenaussagen, ist vor allem der Dominikaner und ehemalige Schüler Katharinas, *Tommaso Caffari-ni*, bemüht. Das Prozessende ist mit Juli 1416 festgelegt, doch verzö-gern das Schisma und das darauf folgende Konzil von Konstanz (1414 - 1418) die Heiligsprechung.

1461 erfolgt schließlich die *Heiligsprechung* durch *Papst Pius II.*, der selbst aus Siena stammt.

Erst vierhundert Jahre später, im Jahr 1866, ernennt *Papst Pius IX. Katharina zur Mitpatronin von Rom.*

1939 proklamiert sie *Papst Pius XII.* zusammen mit *Franz von Assisi* zur Patronin Italiens.

1970 erfolgt, zusammen mit *Teresa von Avila*, die *Erhebung zur Kirchenlehrerin* durch *Papst Paul VI.* (Später sollten noch *Therese von Lisieux* und *Hildegard von Bingen* als bisher weitere, weibliche Kirchenlehrerinnen folgen.)

1999 wird Katharina zusammen mit *Birgitta von Schweden* und *Edith Stein* von *Papst Johannes Paul II.* zur *Patronin Europas* erklärt.

Seit 2013 ist Katharina im Gespräch als *Patronin der Katholischen Frauenbewegung.*

Caterina von Siena:
VISION ZUM WESEN DER KIRCHE

In diesem Abgrund sah ich die Würde des Menschen
und die Notwendigkeit der heiligen Kirche,
die Gott meinem Herzen offenbarte.

Und ich sah, dass niemand zu Gott zurückkehren kann,
um seine Schönheit im Abgrund der Dreieinigkeit zu verkosten,
ohne die Hilfe dieser süßen Braut.

Denn wir alle müssen
durch die Pforte des gekreuzigten Christus gehen,
und diese Pforte steht in der heiligen Kirche.

Ich sah, dass diese Braut Leben schenkte,
da sie eine solche Lebensfülle besitzt,
dass niemand sie töten kann;

Und dass sie Kraft und Licht spendet,
und dass niemand sie in ihrem Wesen schwächen
oder verdunkeln kann.

Und ich sah,
dass ihre Fruchtbarkeit nie geringer wird,
sondern sich ständig vermehrt.

(Aus Brief 371, bearbeitet und gestaltet durch:
Irene Heise, **Geistliches Forum Katharina von Siena**, Wien)

"Die Jungfrau Maria reichte ihr ihren Sohn"
Zur Christusbeziehung der hl.Katharina

Betrachtet man die Christusbeziehung der hl.Katharina von Siena, so kann man zusammenfassend sagen: Ihre Lebensgeschichte war eine einzige, leidenschaftliche, und überaus spannende Liebesgeschichte mit Jesus Christus!

Katharinas irdisches Dasein, eingebettet in Visionen und Entrückungen, wurde auf wohl einzigartige Weise **eingestaltet in Christus**. Trotzdem - daraus resultierend - hat sie eine einzigartige Wirksamkeit entfaltet mit weltkirchlicher Bedeutung (Rückkehr des Papstes aus Avignon!), zu der auch eine große Anzahl vielfach bezeugte, heroische Werke der Nächstenliebe, Wunderheilungen und Bekehrungen zu zählen sind.

1. Christus in päpstlichen Gewändern - Katharinas erste Christusvision und Katharinas Gelübde

Schon als kleines Kind soll Katharina einen inneren Frieden und eine tiefe Freude ausgestrahlt haben, welche auf ihre Umgebung eine außerordentliche Anziehungskraft ausgeübt haben – vor allem, wenn man sie beim früh und fleißig geübten Gebet betrachtete.

Ein Zeugenbericht des Biographen gibt einen ersten Einblick in den Beginn des mystischen Lebens Katharinas, ihre **erste Vision**:
„Als Katharina 6 Jahre alt war, sollte sie eines Tages mit ihrem etwas älteren Bruder *Stefano* zu ihrer Schwester *Bonaventura* gehen. Als sie den Auftrag ausgeführt hatten und wieder zu ihrem Elternhaus zurückkehren wollten, hob Katharina ihre Augen und gewahrte auf der gegenüber liegenden Seite über dem Giebel der Dominikanerkirche in der Luft ein wunderschönes, mit königlicher Pracht geschmücktes Brautgemach. In ihm sah sie den Erlöser der Welt, den Herrn Jesus Christus, auf einem Herrscherthron, angetan mit bischöflichen Gewändern und der Tiara, der Papstkrone, auf dem Haupt.

Das Mädchen blieb staunend stehen. Den Blick auf ihn geheftet und ohne dass ihr Auge geblendet wurde, erschaute sie voll Liebe Christus. Dieser aber richtete seine Augen auf sie, lächelte ihr in inniger Liebe zu, streckte seine Rechte über sie aus und segnete sie. Die damit verbundene Gnade bewirkte, dass Katharina sogleich ihrer Sinne entrückt wurde zu dem, den sie in ihrer Liebe erblickte. Sie vergaß nicht nur den Weg, sondern gleichsam sich selbst ganz und gar. Und obwohl es eine öffentliche Gasse war, in der Menschen und Tiere vorbeizogen, verharrte das von Natur aus eher scheue Kind unbewegt, Kopf und Augen nach oben gerichtet, wobei sie gewiss während der ganzen Dauer der Vision so verblieben wäre, hätte sie nicht ihr Bruder, dem die Situation peinlich war, gedrängt und gezogen.

Denn während ihr dies widerfuhr und sie zurückblieb, war Stefano allein ein Stück weiter hinunter gegangen, da er sie hinter sich glaubte. Nachdem er aber ihr Fehlen bemerkte und sie auf sein lautes Rufen nicht reagierte, ging er zu ihr zurück, wobei er sie immer wieder rief. Und da sie nicht reagierte, zerrte er sie am Arm und sagte: ‚Was tust du hier?'

Sie aber erwachte wie aus einem tiefen Schlaf, senkte ein wenig die Augen und sagte: ‚O wenn du sehen könntest, was ich sehe!' Und indem sie dies sagte, richtete sie ihre Augen wieder nach oben – doch die Vision war verschwunden. Katharina brach in Tränen aus und machte sich Vorwürfe, dass sie die Augen abgewendet hatte. Die Vision blieb nicht ohne einschneidende Folgen. Von dieser Stunde an begann Katharina in ihrer wunderbaren Einsicht durch *sichtliche und spürbare Reife* gleichsam erwachsen zu werden. Wie sie mir viel später selbst bekannte, lernte sie zu dieser Zeit Dinge über den Glauben, die ihr niemand beigebracht hatte: *Christus selbst begann sie zu lehren im Heiligen Geist.* Und das Verlangen in ihrem Herzen, das Leben und die Handlungen der Heiligen nachzuahmen, war so groß, dass sie an nichts Anderes mehr denken konnte. Als Folge davon wurden an Katharina sehr viele überraschende Dinge erkennbar, die alle Zeugen in Erstaunen versetzten: ein intensives, für Kinder unübliches Gebetsleben, Fasten und Bußübungen. Von diesem Beispiel wurden mehrere Mädchen angezogen, sie scharten sich um Katharina und waren begierig, ihre allzu erbaulichen Worte zu hören und sie nachzuahmen. Sie trafen sich oft heimlich in einem

Winkel des Hauses, um in dem von Katharina festgesetzten Ausmaß gemeinsam zu beten.

Wie mir ihre Mutter noch wiederholt erzählen würde, wurde Katharina häufig - ja fast immer, wenn sie die Treppe des Vaterhauses hinauf- oder hinunterstieg - sichtbar durch die Luft getragen, ohne dass ihre Füße dabei die Stufen berührten. Die Mutter wurde dabei einigermaßen in Angst versetzt, wenn sie sah, dass das Mädchen, das ja ihre Tochter war, so schnell dahinschwebte. Ich glaube, dass sich dieses Wunder deshalb ereignete, weil sie ihre Freude darin gefunden hatte, bei jedem Auf- und Abstieg das Ave Maria zu beten!" (LMaj, 67-70 - erläuternde Zusammenfassung)

Die Wirkung der Vision ist so stark, dass jede irdische Liebe in Katharina verblasst neben ihrer förmlich erglühten Liebe zu Christus. So wird ihr schon siebenjährig klar, dass sie ihr Leben IHM allein weihen wird.

Auf der Suche nach einem Weg, dies zu bewerkstelligen, entwickelt sie auch eine besondere Zuneigung zu *Maria,* der Mutter Gottes. Und sie bittet sie, ihr Christus zum Bräutigam zu geben.

Schließlich legt die Siebenjährige das **Gelübde** ab, niemals einen anderen zum **Bräutigam** zu nehmen als **Jesus Christus allein**. Und, wie ihr späteres Leben beweisen wird, weiß sie damals schon ganz genau, was sie tut.

Es tritt eine weitere Folge ihrer mystischen Erhebung zu Gott ein: In ihrem Herzen beginnt sich ein **starker Eifer für das Heil aller**, die ihr begegnen oder ihr schreiben, zu regen - eine Eigenschaft, die sich später zu einem *außergewöhnlichen Heilshandeln* weiterentwickeln wird. (LMaj, 73-77).

Weiterhin reagiert die Familie mit Befremden, ja sogar Angst auf Katharinas mystische Entwicklung. (Wir können sie vielleicht ein wenig verstehen!)

2. Katharinas Kampf um ihren Bräutigam Christus und Anschluss an die Mantellatinnen

Ein regelrechter Kampf erwartet Katharina, als sie ab dem 12.Lebensjahr - wie damals auch noch in Italien üblich - vor den

Männern der Umgebung zur Schau gestellt werden soll, um sie möglichst bald zu verheiraten. Als sich Katharina die Haare abschneidet - ein damals unerhörtes Unterfangen, das sie für die Bewerber uninteressant, ja abstoßend machen soll - reagiert die Familie mit Empörung:

„Sie erließen die besondere Verordnung, dass Katharina kein Zimmer für sich allein haben dürfe und stets mit häuslichen Arbeiten zu beschäftigen sei. So sollten ihr Ort und Zeit zum Gebet völlig genommen werden. Täglich gab es Kränkungen, täglich Scheltworte und immer wieder solche Beleidigungen, die gewöhnlich das Herz einer Frau besonders treffen. Wie ich erfahren habe, hatten die Eltern und Brüder damals einen jungen Mann gefunden, dessen Verwandtschaft ihnen besonders erwünscht gewesen wäre. Deswegen bestürmten sie Katharina immer heftiger auf alle Arten, um sie zu einem Jawort zu bewegen.

Doch keine dieser Maßnahmen hatte eine Wirkung auf Katharina, und sie schuf sich, wie der Heilige Geist sie lehrte, in ihrem Herzen einen geheimen Ort, um immer bei Christus zu sein. In Erinnerung an diese Zeit sollte sie später auch mich mehrmals ermahnen: ‚Schafft euch eine Zelle in Eurem Inneren und verlasst sie nie!' (Briefe 102, 104, 183 und 267)."
(LMaj, 89 f – erläuternde Zusammenfassung)

Allmählich wächst in Katharina der Wunsch, sich einer, damals noch nicht approbierten, Laiengemeinschaft von meist verwitweten Frauen anzuschließen: den **„Schwestern von der Buße des hl.Dominikus"**, den **„Mantellatinnen"**. In dieser Gemeinschaft hofft Katharina auf *konkrete Möglichkeiten, ganz für Christus zu leben*, daneben freilich auch auf den (für unverheiratete Frauen damals unbedingt nötigen) *Schutz durch die Gemeinschaft*.
Katharinas Wahl entspringt einer *Vision des hl.Dominikus*, und nach langem Kampf vermag sie erst ihren Vater, dann auch die übrige Familie zu überzeugen; nicht jedoch die Mantelatinnen selbst! Es bedarf einer Krankheit, die Katharinas Gesicht entstellt, dass man es wagt, die kaum Siebzehnjährige in die Gemeinschaft aufzunehmen.
In dieser Zeit wächst Katharina immer mehr an *übernatürlicher Weisheit*, man staunt über die beredte Klugheit der Analphabetin. Der Biograph wird es später so ausdrücken:

„Diese engelsgleiche Jungfrau hat, so weit dies einem Menschen überhaupt möglich ist, die Abgründe, das heißt die Tiefen der göttlichen Weisheit erspürt und uns deren Fülle erschlossen und gezeigt." (LMaj, 37f).

3. Die mystische Hochzeit: Beginn einer Wirkgemeinschaft mit Christus

Wieder erstaunt Katharina die Umwelt: Sie beginnt nicht ein öffentliches Wirken, sondern zieht sich für rund drei volle Jahre in eine Kammer zurück, um dort ungestört Christus zu begegnen. Nur zur hl.Messe verlässt sie die Kammer, um in die sienesische Dominikanerkirche zu gehen. In ungewöhnlichem Gebet, Fasten und Nachtwachen erlangt sie eine für durchschnittliche Christen kaum nachvollziehbare, mystische Tiefe, bis hin zur **mystischen Hochzeit**: In einer Vision erhält sie von Christus einen Ring, der zwar unsichtbar, aber für Katharina zeitlebens spürbar an ihrem Ringfinger bleiben wird. Christus sagt ihr zu, sie werde im Glauben unversehrt bleiben bis zu ihrem letzten Atemzug.

Die mystische Vermählung bedeutet einerseits einen *unauflöslichen Bund* zwischen ihr und Christus, neben dem alles andere verblassen und unwesentlich erscheinen wird. Verständlich, dass sich Katharina in diesem Moment nichts anderes mehr wünscht, als in mystischer Versenkung im Einssein mit Christus zu verweilen. (LMaj, 162)

Umso mehr wehrt sie sich gegen die darauf folgende Weisung des Herrn, ihre Einsamkeit aufzugeben und ein öffentliches Wirken zu beginnen! Als sie Christus ihr Leid klagt, versichert dieser ihr, es wäre nicht seine Absicht, sie von ihm zu entfernen, er wolle sie viel mehr in tätiger Nächstenliebe noch enger an sich binden! Auch seine fortbestehende, spürbare und sichtbare Nähe sagt er ihr zu. Nun versteht Katharina, dass die geistliche Vermählung neben dem dauerhaften Bund auch den *Beginn einer Einheit im Handeln, eine* **Wirkgemeinschaft** bedeutet. Ein wesentlicher, großer Schritt im Leben Katharinas!

Als Nebenwirkung der mystischen Hochzeit treten bei Katharina die Bußübungen in den Hintergrund zu Gunsten einer **wachsenden Sehnsucht nach dem Empfang der Eucharistie**. „Damals (als sie die Kammer verließ),", erzählt ihr Biograph, „begann sich in ihr ein Verlangen zu regen, das im Lauf ihres leiblichen Lebens immer stärker wurde: Es war der Wunsch, die hl. Kommunion zu empfangen. Nicht nur ihr Geist sollte sich mit dem ewigen Bräutigam verbinden, nein, auch ihr Leib sollte die Möglichkeit haben, sich mit Christi Leib zu vereinen." (LMaj, 174).

4. Weitere Christusvisionen: Maria reicht Katharina ihren Sohn, Christus lehrt Katharina lesen und lässt sie zwischen zwei Kronen wählen

An zahlreichen, bezeugten visionären Berichten über Begegnungen Katharinas mit Christus fallen drei weitere besonders auf, weil sie verschiedene Charakteristika in Katharinas Christusbeziehung aufzeigen bzw. begründen.

Wir finden uns da etwa in einer Christnacht wieder – ein Bericht, den der zweite Biograph, *Caffarini,* ergänzend hinzufügt:
„In der Nacht der Geburt des Herrn kam Katharina mit großer Andacht in die Kirche und stellte sich an den Platz der Nonnen in Altarnähe. Da erschaute sie in großer Tiefe, dass das ganze ewige Leben erworben worden sei, als die selige Jungfrau Maria ihren Sohn geboren hatte. Und **es erschien ihr die selige Jungfrau und reichte ihr ihren Sohn**. Katharina empfing den Neugeborenen in ihren Armen und beugte das Antlitz über das Antlitz des Kindes. Da sah sie, dass das Kind auf der Brust das Zeichen des Kreuzes trug. Jenen Tag verbrachte Katharina mit solcher Freude, dass sie aus Liebe zu Gott alle Menschen hätte umarmen und küssen wollen."
(Suppl, 125 – erläuternde Zusammenfassung, gekürzt)

Über das grundsätzliche Wunder aller dieser Visionen hinaus ist interessant, WIE Christus hier erscheint: als neugeborenes Kind! Darum ist es nicht weiter verwunderlich, dass auch Katharina zu ihren MitstreiterInnen *wechselnde Rollen einnimmt*: die Rolle einer Tochter und Freundin, als auch die einer Mutter, und ihren Beichtvater nennt sie abwechselnd „Vater" und „Sohn". **Sie ist gänzlich durchdrungen von der Nähe Christi in allen seinen Erscheinungsformen**.

Eine weitere Rolle, die Katharina unzähligen Menschen gegenüber einnimmt, war die einer *Lehrmeisterin ersten Ranges mit außergewöhnlicher und unbezwingbarer Autorität.* Auch in diese Rolle wird sie von Christus selbst eingeführt, doch dazu soll die Analphabetin erst einmal **auf mystische Weise lesen lernen**:

„Sie erzählte mir über sich selbst, dass sie beschlossen hatte, die Buchstaben zu lernen, um das Gotteslob und das kirchliche Stundengebet beten zu können. Eine Mitschwester schrieb ihr das Alphabet auf und war ihre Lehrerin. Aber nachdem sie sich mehrere Wochen bemüht hatte, und das Lernen nicht zum gewünschten Erfolg führte, gedachte sie, sich an die Gnade des Himmels zu wenden und nicht länger Zeit zu vergeuden... Ehe sie sich noch vom Gebet aufgerichtet hatte, wurde ihr von oben die Fähigkeit verliehen, dass sie gleich nach dem Aufstehen alles Geschriebene zu lesen verstand, so schnell und frei wie der gelehrteste Mensch! Ich war ganz verblüfft, als ich das erkannte, insbesondere deshalb, weil ich entdeckte, dass sie zwar sehr flüssig lesen konnte; wenn sie aber aufgefordert wurde, den Text silbenweise zu sprechen, nichts zu sagen wusste. Ja, sie erkannte kaum die einzelnen Buchstaben... Von nun an begann sie sich Bücher zu verschaffen, die das heilige Offizium zum Inhalt haben. In ihnen las sie Psalmen, Hymnen und die anderen im Stundengebet vorgeschriebenen Texte." (LMaj, 159 f)

Noch eine Rolle ist bei Katharina nicht wegzudenken: die der *überaus leidensbereiten Liebenden.* In diese Rolle wird sie *nicht hineingezwungen*!! Christus lässt sie – nach frühen Erfahrungen des Leidens; nachdem sie schon erfahren hat, was leiden für ihn heißt! - **in einer Vision zwischen zwei Kronen wählen, einer Perlen- und einer Dornenkrone**, wie wir bei *Caffarini* nachlesen können:

„Da erschien ihr der Erlöser, der in der rechten Hand eine wunderschöne, mit zahlreichen kostbaren Perlen geschmückte Krone trug, und in der linken Hand eine Krone mit scharfen Dornen. Er sagte zu ihr: ‚Nimm die Krone, die dir gefällt!' Katharina antwortete: ‚Möge aus meinem Herzen jeder andere Wunsch entfernt werden, nur nicht der, den Weg des heiligsten Kreuzes zu gehen.'
Nachdem sie das gesagt hatte, ergriff sie mit beiden Händen die Dornenkrone und setzte sie sich mit liebevollem Verlangen mit

beiden Händen auf, dass sie danach lange Zeit unter schweren Kopfschmerzen litt."
(Suppl 118 - gekürzte Zusammenfassung)

Auch die Langzeitwirkung dieser Vision wird angeführt, und zwar zweifach:
„Da dem Herrn diese Geste sehr gefallen hatte, schenkte er ihr *süßen Trost im Dienst an den Kranken.* Und er versprach Katharina den *vollständigen Sieg über alle Versuchungen*, worüber sie großen Trost empfand." (s.o.)

5. Der mystische Höhenflug Katharinas: Herzenstausch, mystischer Tod und Stigmatisierung

Die mystischen Erfahrungen Katharinas häufen sich, man könnte es auch so ausdrücken: Der Schleier zwischen Christus und Katharina wird immer dünner. Jedes Gebet kann Katharina in Entrückung versetzen. „Wohl tausend Mal", drücken es ihre Gefährten aus, hätten sie Katharina in Entrückung gesehen, immer wieder auch erhob sie sich beim Gebet vom Boden. Ihr Körper sei dabei starr und empfindungslos gewesen. Dieser Zustand kann sogar Stunden andauern, und der *Empfang der hl.Kommunion* ist bei Katharina *immer mit Ekstasen verbunden.*

Wir kommen nun zum ersten Höhepunkt der mystischen Christuserlebnisse Katharinas, dem „**Herzenstausch**": In einer Vision öffnet ihr Christus die Brust und nimmt ihr Herz heraus. Tagelang fühlt sie sich ohne Herz. Das überfordert selbst ihren, von seiner Ziehschwester bereits vieles gewohnten *Tommaso Dalla Fonte*, der sie auslacht. Katharina erwidert ihm daraufhin, dass sie ihr Herz nicht mehr schlagen höre und bei Gott nichts unmöglich sei. Nach einigen Tagen der Entrückung erfährt Katharina eine neuerliche Öffnung ihrer Seite und die Einsenkung des Herzens Jesu in ihre Brust. Später wird sie ihrem Biographen Raimund berichten, dass sie seit damals eine Narbe an dieser Stelle hätte. (LMaj 240)
Es ist dies eine Vision, wie sie für uns vielleicht am wenigsten nachvollziehbar ist! Auch sie ist nicht ohne erhebliche Wirkung geblieben: Ab dieser Zeit fühlt sich Katharina deutlich *verjüngt* (wie

ein fünfjähriges Kind, wie sie sagt), und *ihre Nächstenliebe erglüht* derart, dass sie von nun an **bereit ist, für jedes Menschen Bekehrung den Tod auf sich zu nehmen**. Und es nehmen die von Katharina bewirkten Bekehrungen sprunghaft zu.

Einige Zeit später erleidet Katharina den **mystischen Tod**. Durch zahlreiche, mit Freude ertragene Leiden körperlich geschwächt, hört ihr Herz im Jahr 1370 zu schlagen auf: vier ganze Stunden gibt sie kein Lebenszeichen mehr von sich, Familie und GefährtInnen trauern und beginnen, ihr Begräbnis vorzubereiten.

Dann aber erwacht Katharina wieder: Sie hat die Passion Christi an sich erfahren und ihre Seele dabei nichts mehr gewünscht, als aus dem Leib ausziehen zu dürfen. Da zeigte ihr die Mutter Gottes Menschen, die sie noch zu Gott führen werde, wenn sie zurückkehre ins irdische Leben. Trotzdem ist die Rückkehr ins irdische Leben für Katharina furchtbar; das „Gesetz in den Gliedern des Leibes" widerspricht so ganz ihrem „Gesetz des Geistes".

Da verheißt Christus Katharina nochmals: „Ich werde immer mit dir sein." Und weiter: „Du wirst meines Namens Ehre und das Zeugnis des Geistes vor Große und Kleine, vor Laien, Kleriker und Ordensleute tragen. Ich werde dir einen Mund geben und solche Weisheit, dass dir niemand widerstehen kann. Ich werde dich auch vor Päpste, vor die Lenker der Kirche und des christlichen Volkes führen." (LMaj 270ff)

Der mystische Tod bewirkt also das **Ende der gesellschaftlichen, sozialen und geografischen Schranken in der Wirksamkeit Katharinas** und **ihre weltkirchliche Sendung**.

Interessant ist daneben auch, dass in den Schilderungen der Biographen eine starke Ähnlichkeit zu *Paulus* zum Ausdruck kommt: Auch bei ihm ging ja der intensiven apostolischen Tätigkeit eine Art „mystischer Tod" voraus: sein Bekehrungserlebnis. (Nebenbei ist dessen Stil und Temperament ja auch mit jenem Katharinas vergleichbar! Sie hat ihn nicht zufällig sehr verehrt.)

Es ist schwierig, in dieser einzigartigen Fülle und Dichte an mystischen Erfahrungen Katharinas eine Art „absoluten Höhepunkt" auszumachen. Ich meine, man könnte ihn doch mit der **Stigmati-**

sierung festsetzen. Hier gibt es ein genaues Datum: Sie ereignete sich vor Zeugen am Palmsonntag, dem 1.April 1375, in der Kirche Santa Cristina in Pisa.

Ihr gingen allerdings zwei, meiner Einschätzung nach damit unmittelbar in Zusammenhang zu bringende, mystische Vorerfahrungen voraus. *Katharina wird nicht unvorbereitet mit der Stigmatisierung „überfallen".*

Sie hatte schon lange vorher eine fast physische **Beziehung zur Seitenwunde Christi**, wie sie selbst bezeugt: „Schließlich trat er an mich heran, nahm meine Seele in seine Arme und drückte meinen Mund an seine heiligste Seitenwunde. Darauf trat meine Seele mit großem Verlangen ganz in seine Seite ein und fand dort die überwältigende, süße Erkenntnis der Gottheit." (LMaj, 249).

Die zweite Vorerfahrung der Stigmatisierung bedeutete eine *mystische* **Durchbohrung ihrer rechten Hand.** Sie schildert Katharina so: „Ich spürte einen Schmerz, als ob ein eiserner Nagel mit dem Hammer durch meine Hand getrieben worden wäre. So trage ich durch die Gnade meines Herrn sein Wundmal in meiner rechten Hand." (LMaj, 251).

Katharina hätte jetzt wohl immer noch sagen können: Genug, mein Gott, mehr ertrage ich nicht! Gott zwingt seine mystischen Gnaden nicht auf! So aber kommt es zum wunderbaren Ereignis in Pisa, dem **Empfang aller fünf Wundmale Christi:**
„Wie gewohnt" (!) wartet man darauf, dass Katharina nach dem Empfang der Kommunion aus der „üblichen" Ekstase wieder zu sich komme. Doch diesmal ist es anders:

„Plötzlich richtete sich vor unseren Augen ihr zarter Körper, der am Boden ausgestreckt gelegen war, ein wenig auf und verharrte in kniender Stellung. Sie streckte ihre Arme und Hände aus, und ihr Angesicht war wie von Feuer gerötet. So verblieb sie völlig starr und mit geschlossenen Augen. Auf einmal stürzte sie vor unseren Augen zu Boden, als wäre sie tödlich verwundet worden; nach kurzer Zeit kehrten ihre leiblichen Sinne wieder zurück."

Später schildert sie Raimund selbst, was geschehen ist: „Da sah ich, wie aus den fünf Malen seiner heiligsten Wunden blutrote Strahlen auf mich herabkamen; sie waren auf meine Hände, Füße und das Herz meines Leibes gerichtet. Ich begriff das Mysterium und rief sogleich: ‚Herr, mein Gott, ich bitte dich, lass die Male an meinem Leib nicht äußerlich sichtbar werden!' Während ich noch redete und ehe jene Strahlen mich erreicht hatten, wandelten sie ihre blutrote Farbe in glänzendes Weiß und trafen in Form reines Lichtes fünf Stellen meines Leibes, nämlich die Hände, die Füße und das Herz." (LMaj, 252ff).

Durch die bleibenden, unsichtbaren, aber empfindlich fühlbaren Wunden soll nun *die ganze Existenz Katharinas mit Christus verbunden* werden. So bedeutet Stigmatisierung **eine außergewöhnliche Manifestation dessen, was an jedem Getauften geschieht: die Eingliederung und Gleichförmig-Werdung mit Christus**. Es bedeutet ja bereits die Taufe eine Einigung mit Christus, eine sakramentale Einigung, so dass *jeder/jede Getaufte zum „zweiten Christus"* wird.

So bedeutet es auch für uns, die Ähnlichkeit zu Christus durch das ganze Leben hindurch immer tiefer auszuformen – wobei nicht das Leiden Sinn und Ziel ist, sondern die **Liebe**. So vergleicht Katharina die Nägel, die Christus am Kreuz festhielten, mit der Liebe, die ihn für uns ans Kreuz gehen hat lassen.

6. Katharinas schriftliches Vermächtnis ihrer Christusbeziehung an uns: Buch „Dialog" und Christus als „Brücke"

Neben zahlreichen Briefen (365 sind in Abschriften erhalten) hat Katharina uns ein wunderbares Werk hinterlassen, das überaus tiefe Einblicke in ihre Christusmystik ermöglicht: ihr **Buch „Dialog von der göttlichen Vorsehung"** *(auch:* **„Gespräch von Gottes Vorsehung"**). Sie selbst hat es in Auftrag gegeben, indem sie ihre Sekretäre bat, stets bereit zu sein, ihre ekstatischen Zwiegespräche mit Gott mitzuschreiben.

Unseren Glaubensweg beschreibt sie darin als Weg über eine **Brücke, Christus selbst,** auf der wir *Labung* finden und die *mit Erbarmen überdacht* ist. Die Brücke symbolisiert die Menschwerdung Christi und seine Erlösungstat: Gott hat seinen Sohn uns zur Brücke gemacht, damit wir, über sie hinwegschreitend, zum ewigen Leben gelangen können, gemäß dem Wort Jesu in Joh 14;6: „Ich bin der Weg, die Wahrheit und das Leben". (Christus als „Brücke" ausführlich: Dialog 33-42)

So spricht Gott selbst zu Katharina (wie sie ihren Sekretären zum Mitschreiben wiederholt):

„Kaum hatte der Mensch gesündigt, wälzte sich ein reißender Strom daher; dessen Wellen warfen ihn unablässig hin und her und trieben ihm Mühsale und Widerwärtigkeiten zu... Ihr wart alle am Ertrinken, und keiner, er mochte noch so gerecht sein, konnte zum ewigen Leben gelangen. Darum habe ich euch, um euch aus euren vielen Übeln herauszuhelfen, eine Brücke beschert in meinem Sohn, damit ihr, ohne zu ertrinken, den Strom überschreiten könnt."

Anders war es nicht möglich, den unterbrochenen Weg der Menschen zum Himmel wieder herzustellen; von der Erde aus (aus menschlicher Anstrengung) „... hätte man sie nicht in einer solchen Größe errichten können, dass sie ausgereicht hätte, den Strom zu überspannen und euch das ewige Leben zu vermitteln; hätte doch die menschliche Natur allein nicht genügt, die Schuld zu sühnen."

Damit nicht genug, denn jetzt folgt erst der für uns entscheidende Punkt, der aufhorchen lässt. Vor dem Bau der Brücke, vor Menschwerdung und Erlösung durch Christus, war der Himmel noch verschlossen „und der *Regen der Gerechtigkeit* ließ niemanden heran". Deshalb hat Gott die Brücke „**mit Erbarmen überdacht**"!

Alle geschätzten Leserinnen und Leser, besonders die geistlichen Standes, werden gebeten, sich dieses Bild klar und immer wieder vor Augen zu stellen: Jesus Christus als Brücke zwischen Gott und den Menschen, die es im Laufe des irdischen Lebens in der Nachfolge Christi zu überschreiten gilt, jedoch *unter einem schützenden Dach, das die Barmherzigkeit Gottes darstellt!* Wie tröstend, vor allem in der scheinbaren Ausweglosigkeit so mancher Lebenssituation, wie Gottvertrauen erweckend ist dieses Bild!

Doch auch damit nicht genug, es erwartet uns noch eine Überraschung und zugleich eine entscheidende Erkenntnis: Auf der Brücke „... liegt auch die **Herberge** im Garten der heiligen Kirche, die **das Brot des Lebens verwaltet und spendet und das Blut zu trinken gibt, damit die wandernden Pilger, meine ermüdeten Geschöpfe, nicht vollends ermatten.** *Deshalb hat meine Liebe angeordnet, dass euch das Blut und der Leib meines eingeborenen Sohnes, der ganz Gott und ganz Mensch ist, gereicht werde.*"

Verinnerlichen wir diese Bilder! Es ist unvorstellbar, dass Gott „ermüdete" Christinnen und Christen von der Labung mit Leib und Blut Christi in der „mit Erbarmen überdachten" „Herberge" ausschließen will; dass man sie zwar in die Herberge hinein lässt, ihnen dann aber Speise und Trank verweigert.

7. Weiterführende Gedanken: Warum wurde ausgerechnet Katharina von Siena zu solch einer außergewöhnlichen Christusbeziehung berufen?

Unter den eben betrachteten, kaum fassbaren Eindrücken könnten wir abschließend (und vielleicht mit einem Anflug von Neid?) fragen, warum Gott ausgerechnet diese Frau, Katharina von Siena, zu einer solch außergewöhnlichen Christusbeziehung berufen hat! Wie unterscheidet sie sich von uns, die wir uns ja auch bemühen, Christus nachzufolgen?

Hier scheinen mir nach einiger Überlegung **drei Aspekte** beachtenswert, die hier noch kurz Erwähnung finden sollen:

Erstens ist es schlicht **Vorsehung und Gnade Gottes**, wenn er einen Menschen zu außergewöhnlichen Aufgaben beruft, die wir nicht schlüssig hinterfragen können.

Zweitens erleben wir bei Katharina eine *außergewöhnliche Antwort* auf diese Gnade **in einer unbeirrbaren, unerschütterlichen Konsequenz** von klein auf und das ganze Leben hindurch, in jedem einzelnen, von Gott vorgegebenen Schritt, ohne Wenn und Aber und *ohne zwischenzeitliche geistliche Ermüdung*, in ständiger Offenheit und Bereitschaft. Katharina hat in ihrem Denken und Tun wohl *keine Sekunde ihre Rückbindung an Gott verloren.*

Und drittens war es wohl Gottes Wille, diese Frau zu einem **Zeichen** werden zu lassen für viele - in einer Zeit, die ein solches Zeichen dringend nötig hatte, aber auch für uns Christen heute.

„Geistliches Forum Katharina von Siena",
Gründung: Prof.Irene Heise, Wien 2008
mit der Statue des Forums von Akad. Bildhauer Josef Papst, Laxenburg,
aus Lindenholz, 83 cm

Caterina von Siena:
BITTE UM EINGESTALTUNG IN CHRISTUS

Herr und Gott, Jesus Christus, du hast Caterina von Siena
zu außergewöhnlichen Gnaden berufen
und schon auf Erden ihre ganze Existenz mit dir verbunden.

In ihr hat sich in ganz außergewöhnlicher Intensität manifestiert,
was an jedem Getauften geschieht:
die Eingliederung und Gleichförmig-Werdung mit dir.
So ist sie uns dafür
zu einem lebendigen Zeichen geworden.

Herr Jesus Christus, wir bitten dich,
lass auf die Fürsprache Caterinas auch uns
unsere, durch die Taufe Grund gelegte Ähnlichkeit mit dir
immer tiefer ausformen,
wobei die Liebe
den letzten Sinn und das Ziel bedeuten möge.

Erfülle unser Streben am Beispiel Caterinas
mit einer unbeirrbaren Konsequenz in jedem,
von dir vorgegebenen Schritt,
ohne Wenn und Aber,
in ständiger Offenheit und Bereitschaft,
und verleih uns die Gnade, in unserem Leben
niemals die Rückbindung an dich zu verlieren.
Durch Christus unseren Herrn. Amen.

Heilige Caterina, du Lehrerin der gesamten Kirche
und Patronin Europas, bitte für uns.

(Irene Heise, Anhang zum Vortrag „Christusbeziehung der
hl.Katharina von Siena", **Geistliches Forum Katharina von Siena**, Wien)

„Schlaft nicht mehr länger!" – Einführung in die Theologie Katharinas

In diesem Kapitel darf ich meinen geschätzten Leserinnen und Lesern einen ersten Einblick in die Lehre Katharinas geben, für die ihr ja wesentlich der Titel der *Kirchenlehrerin* verliehen worden ist. Ich möchte betonen: es kann hier nur ein *erster Einblick* sein in die wichtigsten Begriffe, so vielschichtig und tiefsinnig ist Katharinas Theologie!

Um Katharina richtig zu verstehen, ist vorauszuschicken, dass sie **keine systematische Theologie** betrieben hat. Ihre Lehre ist sogar mehr, sie ist „**von oben" eingegossene Wissenschaft**, wie ihr später auch Päpste bescheinigt haben; sie zeigt in verschiedenen Facetten zentrale Geheimnisse des Glaubens als Niederschlag dessen, woraus sie lebte und wirkte. Katharina befand sich **weitgehend in ekstatischem Zustand**. So haben zahlreiche Zeitzeugen Katharina eine ständig wahrnehmbare Aura des Übernatürlichen bescheinigt, der sie sich nicht entziehen konnten und wollten. Für Katharina gilt in noch höherem Maße als bei allen anderen KirchenlehrerInnen, dass ihr Leben von ihrem Wirken nicht zu trennen ist.

Daneben ist Katharinas Theologie fundiert auf der Lehre von drei bedeutsamen Kirchenlehrern: *Augustinus, Bernhard von Clairvaux* und *Thomas von Aquin*, der auch Dominikaner gewesen ist.

Wenden wir uns nun ihren wichtigsten, theologischen Grundbegriffen zu.

1. Licht, Geistesauge und Augenstern

Katharinas „Buch" beginnt mit der Aufforderung Gottes: „Öffne das **Auge deines Geistes** und schau in mich": Wir besitzen über unsere körperlichen Augen hinaus ein drittes „Auge", das des Geistes. Dieses geistige Auge ist notwendig, um das „**Licht**" zu empfangen, die Liebe Gottes und übernatürliche Weisheit, sowie die **Gabe der Unterscheidung**. (Wer in meditativer Versenkung etwas geübt ist, vermag dieses Geistesauge vielleicht wahrzunehmen!). Es ist -

können wir zusammenfassend sagen - überhaupt notwendig, um ein geistliches Leben führen zu können.

Um das Licht in seiner ganzen Fülle erkennen zu können, bedarf das Geistesauge einer Pupille, des „**Augensterns**". Immer wieder ist vom geistigen Licht die Rede und vom Geistesauge, das durch die **Pupille des Glaubens** bis ins Tiefste zu sehen vermag. Freilich sollte dazu die Pupille klar und rein sein! Sie kann auch getrübt sein und das Licht verdunkelt, etwa durch die „Wolke" der Selbstsucht, die ungesunde *Eigenliebe*.

Eine Trübung des Augensterns hat verhängnisvolle Folgen für unser geistliches Leben. Das Sakrament der Buße kann unseren Augenstern reinwaschen und uns das ungetrübte Licht neu schenken.

2. Die drei Seelenkräfte: Verstand, Gedächtnis und Wille

Sie werden uns vielleicht schon von *Augustinus* her etwas vertraut sein:

Der **Verstand** als edelster Teil des Menschen, der in der Lage ist, die Güte Gottes zu erkennen,

das **Gedächtnis**, das vom Verstand mit der Erinnerung an die Wohltaten Gottes erfüllt ist und den Menschen zu vermehrter Liebe und Dankbarkeit führt,

der **Wille** als innerste, tiefste Kraft im Menschen, der frei ist („freier Wille!") und Taten der Liebe hervorbringen kann.

Katharina setzt die drei Seelenkräfte **in Entsprechung zu den drei göttlichen Personen**: den Verstand zu Jesus Christus, das Gedächtnis zu Gott Vater und den Willen zum Heiligen Geist. Für sie sind also auch alle drei Seelenkräfte unzertrennlich und ineins zu setzen.

Werden die drei Seelenkräfte ganz auf Gott ausgerichtet, kann der Mensch in **Ekstase** geraten: Die Verbindung zwischen Leib und Seele lockert sich, es kann in Einzelfällen sogar zu einem Schweben über der Erde kommen. Über derartig beobachtete **Levitationen** Katharinas wird vielfach und einstimmig berichtet. Sie bedeuten also das Emporgehoben-Werden des menschlichen Körpers vom Boden, wenn sich der menschliche Geist über die Maßen erhebt und das Gewicht des Leibes mit sich zieht.

„Es klingt unglaublich...", legt nicht nur *Raimund von Capua* Zeugnis über Katharinas außergewöhnlich tiefe Gottesbeziehung ab, „so strebte ihr vom göttlichen Liebesfeuer entflammter Geist gleichsam in sichtbarer Gewohnheit stets nach dem, was oben ist, wo Christus zur Rechten Gottes sitzt. Deshalb erlitt sie an ihrem Leib oft und immer öfter jene Entrückung, die *Ekstase* genannt wird. Tausendfach haben wir es gesehen und erlebt - wir, das heißt ich und die Brüder, die wir ihre geistigen Kinder im Herrn waren. Denn sobald in ihrer heiligen Seele der Gedanke an ihren erhabenen Bräutigam auch nur ein wenig aufleuchtete, entzog sie sich völlig den Sinnen des Leibes, und ihre Glieder, das heißt Arme und Füße, verkrampften sich. Das begann an den Fingern, hierauf aber erfasste die Erstarrung die Glieder selbst und ließ sie an den Stellen, wo sie mit dem Körper verbunden sind, so unbeweglich werden, dass man sie eher zerbrechen oder abreißen als aus ihrer Lage hätte bringen können. Auch ihre Augen schlossen sich völlig, und ihr Nacken wurde so starr, dass es nicht ungefährlich für sie war, in dieser Zeit ihren Nacken zu berühren." (LMajor, 177).

3. Die Tugenden Demut und Geduld

Kehren wir zurück auf die Erde! Das gesamte Schrifttum Katharinas ist charakterisiert durch die unermüdlich wiederkehrenden, unter stets neuen Aspekten angeführten Lobpreisungen der **Tugenden** und die Ermahnungen zu ihrem Erwerb und ihrer Vertiefung.
Auf der Basis der **drei göttlichen Tugenden Glaube, Hoffnung und Liebe** sind es vor allem zwei weitere, denen Katharina vorrangige Bedeutung einräumt.

Die **Demut** - ein heute gemiedener, eher peinlich anmutender Begriff! - ist für Katharina schlichtweg die „*Amme der Liebe*" (Brief 159). „Demut und Liebe sind die beiden *Flügel*, die eure Seele hinauffliegen lassen zum ewigen Leben", sagt sie (Brief 335). Die Demut ist „innerste Substanz" aller Tugenden.
Katharinas Maß an Demut hat immer wieder ihre ZeitgenossInnen erschüttert. Sie bezeichnete sich nicht nur als „Allerniedrigste", sondern war davon überzeugt, verantwortlich zu sein für die Fehler ihrer Mitmenschen: „Wenn ich vom Feuer der göttlichen Liebe

vollständig entflammt wäre,... müsste er (Gott) nicht ... allen seine Barmherzigkeit erweisen und es geschehen lassen, dass alle von dem in mir lodernden Feuer ergriffen würden? Was aber steht solchem Glück im Wege? Gewiss nur meine Sünden." (LMajor)

Die **Geduld** wiederum bezeichnet Katharina als die *Königin der Tugenden*. Denn an ihr erweist sich, ob unsere Tugendhaftigkeit echt ist: Die übrigen Tugenden könnte man vorspielen (etwa geheuchelte Liebe oder Demut), die Geduld nicht! Sie ist das Kriterium der Echtheit unserer Tugendhaftigkeit, ja mehr noch: Katharina be-zeichnet die Geduld sogar als einen *Mitvollzug göttlichen Verhaltens* und denkt dabei an Christi unermessliche Geduld in seinem Kreuzesleiden.

4. Eigenliebe und Selbsterkenntnis

Wir erinnern uns an das Geistesauge, dessen Pupille durch die Wolke der Selbstsucht, die ungesunde **Eigenliebe** (zu unterscheiden von „gesunder" Selbstliebe!) verdunkelt sein kann.
Für Katharina ist die ungesunde Eigenliebe die *„Sünde aller Sünden"*: Sie meint damit zusammenfassend alle inneren Neigungen, die sich nicht dem Willen Gottes unterordnen wollen. Sie macht den Menschen stolz; sie lässt ihn vergessen, dass alles Gute von Gott stammt und vermeint, es aus sich selbst zu schöpfen. Der Mensch verliert die Ausrichtung auf Gott, sein Blick ist fixiert auf das eigene Ich, sein eigenes Wohlergehen, woraus sich nach und nach eine völlige Blindheit und Unempfindlichkeit für das Wohl oder Wehe der Mitmenschen entwickeln kann. (Hier könnte man all die schrecklichen Übel aufzählen, die die Selbstsucht heute nach sich zieht, und das unermessliche Leid, das unermesslich vielen Mitmenschen angetan wird: Schwächeren, Menschen in der sogenannten „Dritten Welt", Kindern, Frauen... Hier sehen wir, wie aktuell Katharinas Lehre auch heute ist!). Die ungesunde Eigenliebe ist die *„Wurzelsünde"* schlechthin!

Retten kann den solcherart verirrten Menschen einzig die **Selbsterkenntnis**: Es gilt, den eigenen Standpunkt, seine Stellung vor Gott immer wieder neu zu entdecken, das eigene *„Nicht-Sein"* *ohne Gott*, die eigene Abhängigkeit von Gott - auch wenn dies heute wenig gefragt ist. Es bedeutet die einzige Rettung für uns und unsere geplagten Mitmenschen, denn: Nur in Gott ist die Fülle des Lebens, nur in ihm die wahre Liebe und Gerechtigkeit, ja das Leben. Es ist eine Grundwahrheit, gegen die sich der moderne Mensch gerne sträubt!

Immer wieder stellt Katharina einen lebendigen, ja originellen Bezug zu den Evangelien her, wie auch in diesem Zusammenhang: Katharina lädt in einem Schreiben einen Ordensmann an den Schauplatz der Erlösung, an das Grab Christi, welches zugleich zentraler Ort der Selbsterkenntnis ist, und verheißt ihm auf seinem Weg zur Umkehr das Geleit von *Maria von Magdala*:

„Geht hinein in die Grabkammer der Selbsterkenntnis und fragt mit Magdalena: ‚Wer wird mir den Stein des Grabes wegwälzen? Denn die Schwere des Steines (das heißt, die Schuld der Sünde) ist so groß, dass ich ihn nicht bewegen kann.' Und sobald Ihr bekennt und die Schwere und Unvollkommenheit beichtet, werdet Ihr zwei Engel sehen, die diesen Stein (die schwere Schuld, Anm.) wegwälzen... Haltet dort (beim ‚Grab der Selbsterkenntnis', Anm.) vielmehr beharrlich aus, bis Ihr den auferstandenen Christus durch die Gnade in Eurer Seele findet... Sobald Christus in der Seele erscheint und fühlbar wird, lässt er es zu, dass Ihr ihn mit demütigem und ständigem Gebet auch berühren könnt. Dies ist der Weg, einen anderen gibt es nicht." (Brief 173)

5. Das liebende Verlangen

Nun kommen wir zu einem Herzstück von Katharinas Theologie. Katharina geht davon aus, dass sich unsere Sehnsüchte, letztendlich die Sehnsucht nach Liebe, auf Erden nie ganz erfüllen lassen, auch wenn wir einer (oft vermeintlichen) Erfüllung mit allen uns zur Verfügung stehenden Mitteln nachjagen. So ist auch Liebe nie ganz frei von Sehnsucht, einer Sehnsucht nach „mehr" oder „noch mehr", selbst in der glücklichsten menschlichen Beziehung. Diese Sehnsucht nach Liebe, ganz auf Gott ausgerichtet, durchzieht als **„liebendes Verlangen"** das gesamte Leben und Wirken Katharinas!

Fakt ist für Katharina: Die menschliche Seele vermag nie vollends glücklich zu sein, bevor sie nicht mit Gott vereint ist, da sie auf unendliche Liebe ausgerichtet ist und ohne Liebe nicht leben kann (auch wenn es *„ungeordnete Liebe"* ist!).

Die größtmögliche Stillung unseres liebenden Verlangens auf Erden geschieht in der Vereinigung mit Gott im Allerheiligsten Sakrament, der *Eucharistie.* Das liebende Verlangen vergleicht Katharina deshalb mit einer *Kerze,* die erst durch den Empfang der Eucharistie entzündet werden kann. Anderenfalls wären wir „eine Kerze ohne Docht, die weder brennen noch Licht empfangen kann". (Dialog, Kap.110, 143).

Katharinas Verhältnis zur Eucharistie wird heute den markanten Höhepunkt unserer Betrachtungen darstellen.

6. Gottes- und Nächstenliebe

Mit dem „liebenden Verlangen" sind wir mittlerweile fast unbemerkt im Zentrum des Evangeliums angekommen: dem Hauptgebot der Liebe: „Du sollst den Herrn, deinen Gott lieben... und: „Du sollst deinen Nächsten lieben wie dich selbst" (Mk 12,30f).

Für Katharina sind Gottes- und Nächstenliebe nicht nur ideell untrennbar miteinander verbunden, sondern auch logisch: Sie erklärt die tätige **Nächstenliebe** zur zugleich einzigen Art und Weise, auch die Gottesliebe unter Beweis zu stellen. Das klingt nur im ersten Moment einseitig, aber: Haben wir uns schon einmal überlegt, wie wir Gott selbst durch Liebeserweise nützlich sein können? Braucht er uns und unsere guten Werke? Die Antwort ist für Katharina eindeutig: Nein! Gott braucht weder uns noch unsere guten Werke! Ihm können wir nicht nützlich sein! Sehr wohl aber unseren Nächsten. Deshalb **erweist sich die Gottesliebe in der Nächstenliebe**. Und sie ist *geschuldete Liebe*, da wir aus uns selbst nichts sind und unser ganzes Sein Gott verdanken.

Und auch hier stellt Katharina einen Bezug zur Eucharistie her: Die Augenblicke nach deren Empfang waren auch immer die kostbarsten Zeiten der Fürbitte für die ihr Anvertrauten. Und das besonders für die verstocktesten Sünder und jene, die ihr nicht wohl wollten: „Wir müssen unsere Nächstenliebe auf Gute und Böse ausdehnen"; sagte sie einmal (Brief 94).

7. Gebet und Tränen

Damit sind wir bei der Bedeutung des Gebets bei Katharina angekommen. Vorweg gilt zu betonen, dass sie - bei aller mystischen Tiefe - nie das **mündliche Gebet** gering geschätzt hat. Es soll vielmehr „beharrlich geübt" werden. Sie empfahl aber, es zu lassen, sobald sich die Seele zu Gott erhoben fühlt: „Wenn Ihr spürt, dass Euer Geist (von Gott) besucht wird, dann lasst die Worte beiseite." (Brief 154). Später kann das begonnene, mündliche Gebet wieder fortgesetzt werden (falls noch Zeit bleibt). (Dialog, Kap.66)

Schon von Kindheit an geübt war Katharina auch im **inneren Gebet**: Schon früh erlebte sie, in die Schau einer „**inneren Zelle**" zurückgezogen, die Anwesenheit Gottes in ihrem Herzen. Ihm konnte sie immer begegnen, auch im größten, äußeren Trubel. Das innere Gebet erweckt heute wieder zunehmend Interesse, ist jedoch *deutlich zu unterscheiden von Meditationstechniken*, in denen der Inhalt nicht die Begegnung mit dem lebendigen Gott darstellt, sondern bloßes Leerwerden, Einswerden mit dem Kosmos oder andere Ziele!

Katharina vermag subtil Verdienste des Gebets und Versuchungen im Gebet zu unterscheiden, und sie warnt vor einer Ausrichtung auf auftretende Gefühle. So bedeuten *Glücksgefühle* beim Gebet keinesfalls ein Qualitätsmerkmal, sondern können ein Einfallstor des Versuchers darstellen. Als **Echtheitskriterien** eines guten Gebetes nennt sie vielmehr eine daraus resultierende **Zunahme des liebenden Verlangens, vermehrten Eifer in der Nächstenliebe und ein Wachstum in den Tugenden.**

Auf einen Nenner gebracht: Ein Gebet ist umso wertvoller, je mehr es von liebendem Verlangen nach Gott und dem Heil der Mitmenschen getragen ist! Und dieses Gebet ist bei Katharina mit dem Begriff „**Tränen**" verbunden; einen ganzen „**Tränentraktat**" widmet sie diesem Thema (Dialog, Kap. 88ff., 107-120). Dabei unterscheidet sie fünf Arten von „Tränen", je nachdem, wie vollkommen sie vom liebenden Verlangen getragen sind: sinnliche Tränen, unvollkommene, vollkommenere und vollkommene Tränen, sowie wasserlose „Feuertränen": Sie entsprechen jenen Gebeten, bei denen der Mensch im Heiligen Geist „mit unaussprechlichen Seufzern" für die Mitmenschen vor Gott tritt. (Röm 8,26).

8. Gotteserkenntnis und göttliche Vorsehung

Neben der Selbsterkenntnis soll sich der Mensch auch nach der rechten **Gotteserkenntnis** mühen. Was ist aber nun die **Vorsehung Gottes**? Warum hat er uns ins Leben gerufen? Katharina hat ja ihr ganzes Buch dieser Grundfrage gewidmet. Eine Passage kann als Grundformel gelten: „Als Gott in sich hineinblickte, verliebte er sich in seine Geschöpfe und wurde so sehr hingerissen vom Feuer seiner unschätzbaren Liebe, dass er uns erschuf - und zwar nur aus dem einen Grund, damit wir *ewiges Leben haben und uns freuen können an seinem unendlichen Gut*." (Brief 28).

Der Mensch ist Abbild Gottes, was einen *wesenhaften Bezug* bedeutet. Haben wir das schon einmal verinnerlicht? Möglicher Weise denken wir da mit Erschrecken (und vielleicht Zweifel) an unsere Fehler und die der Mitmenschen. Wie kann da unsere (unsterbliche!) Seele Abbild Gottes sein? Auch darauf geht Katharina ein, denn sie konnte in Ekstase die Seelen der Menschen schauen, wie Gott sie *ursprünglich gedacht* hat, also die „*potentielle Schönheit*" der Seelen. Die Verdunkelung und Entstellung durch die Sünde hat er nicht gewollt. Es gilt, durch Vermehrung des liebenden Verlangens, durch den Erwerb von Tugenden und tätige Nächstenliebe unsere Seele reinzuwaschen, um sie so vollkommen als möglich in den Zustand zurückzuführen, den ihr Gott ursprünglich zugedacht hat.

Gottes Vorsehung kann nicht fehl gehen. Ohne Gottes Vorsehung fällt ja kein Sperling vom Dach! (Mt 10,29). Jeder Mensch soll Gott dienen nach seinem Maß und sich freuen an der *Vielfalt*, mit der Gott die Menschen ausgezeichnet hat. Diese Vielfalt geht in der Ewigkeit nicht verloren!

9. Heilswille und Zulassung Gottes

Wir können fest darauf vertrauen, dass Gott unser aller Heil *will*. Wie wir alle erahnen können, schließt der **Heilswille Gottes** eine *unendliche Geduld* mit uns Menschen ein (weswegen wir ja auch diese „Königin der Tugenden" mit unseren Mitmenschen unter Beweis stellen sollen, als Mitvollzug göttlichen Verhaltens!). Am offenkundigsten ist der Heilswille Gottes in der *Menschwerdung und Erlösung* durch Jesus Christus geworden. Sie ist getragen von einem *unendlichen liebenden Verlangen* nach unserem Heil!

Als Mystikerin höchsten Grades, die in ihren Visionen auch Einblicke in die Geheimnisse der Dreifaltigkeit erhalten durfte, hat Katharina bewegende, zum Teil auch sehr innige, zärtliche Bilder für die *Trinität* gefunden. So bezeichnet sie den *Heiligen Geist* sogar als „*Diener*" und „*Arbeiter*" an uns Menschen (Brief 181), der uns in die Vereinigung mit Gott als „*Meer des Friedens*" geleiten möchte (Brief 146).

Katharina weicht auch nicht der Frage nach dem *Leid* aus: Warum lässt Gott es zu? Warum lässt Gott **Scheitern** zu, auch **unverschuldet**? Auch wenn wir es (noch) nicht verstehen können: Alles entspringt der Barmherzigkeit Gottes und ist nicht als Strafe aufzufassen. Der Mensch soll ab und zu zur Besinnung gebracht werden, und der Amtsträger hat diese **Zulassung Gottes** nachzuvollziehen, indem er Scheitern nicht sanktioniert, sondern als Zulassung Gottes respektiert! *Kein Mensch darf sich gegen den Heilswillen Gottes stellen, der sich auch im unverschuldeten Scheitern äußern kann.*

10. Erbarmen und Barmherzigkeit

Gottes Heilswille ist geprägt von seinem **Erbarmen** mit den Menschen und seiner **Barmherzigkeit**. „Verbergt Euch unter den Flügeln der Barmherzigkeit Gottes!", ruft Katharina aus und fügt das eigentlich Unfassbare hinzu: „Denn er ist **mehr bereit zu verzeihen, als Ihr überhaupt sündigen könnt!**" (Brief 173). Wer könnte das wirklich nachvollziehen? (Und: Richten wir uns in der Kirche immer danach?!)

Allerdings erwartet Gott, dass wir „um Barmherzigkeit *anklopfen*" (Brief 331), im Bittgebet (vgl. Mt 7,7: „Klopfet an, und es wird euch aufgetan werden..."!) Und er erwartet, *dass auch wir an unseren*

Mitmenschen Barmherzigkeit üben! Unbarmherzigkeit zieht Folgen nach sich (vgl. auch das Gleichnis Jesu vom Unbarmherzigen Knecht, Mt 18, 21-35!). „Wie auch wir vergeben unseren Schuldigern", beten wir im Vaterunser!

Daraus resultiert ein eindeutiger Hinweis, dass wir **nicht urteilen dürfen**. Jedes Richten ist Gott zu überlassen! Denn der Mensch kann immer irren, wenn das *Geistesauge getrübt ist durch die Eigenliebe, was die Gabe der Unterscheidung beeinträchtigt*. Unsere Aufgabe ist es, *stellvertretend und sühnend* für unsere Mitmenschen in Gebet und Opfer einzutreten, aber nie, sie zu richten oder Sanktionen zu verhängen. Das gilt bei Katharina auch, und ganz besonders, für die Amtsträger.

11. Sünde und Buße

Gott lässt also die **Sünde** zu. Damit müssen wir uns abfinden! Die Sünde hat Geistesauge und Seele getrübt, sie beeinträchtigt unsere Schönheit als Abbild, als Spiegelbild Gottes und unsere Würde. Oft haben wir an Gespür für unsere Sünden eingebüßt. Katharina hingegen besaß einen *„geistlichen Geruchssinn"*; sie konnte die Sünde von Avignon bis nach Siena riechen! (Dialog, Kap. 124). Die Sünden bezeichnete sie manchmal krass als „stinkende Gewächse", die es auszureißen gilt, um „wohlriechende Blumen" (Tugenden) zu pflanzen..

Gott lässt die Sünde zu, da sogar ihr ein *verborgener Sinn* innewohnt, den wir nur manchmal erahnen können. Gott lässt sie zu, um etwas Besseres daraus entspringen zu lassen. (Daran erinnert uns auch das Exultet der Osterliturgie: „O glückselige Schuld!" - „Felix culpa!"). Trotzdem besteht Katharina darauf, dass wir *niemals sündigen „müssen"*: Auf Grund unseres **freien Willens** vermögen wir, im Glauben gestärkt, zur Sünde „nein" zu sagen.

Das **Verharren in schwerer Sünde** bezeichnet Katharina als *„Verharren in* **bösem Tun***", nicht in einem Zustand*. Die größte Sünde ist die *Zurückweisung des Erbarmens Gottes*, sie kann als **„Sünde wider den Heiligen Geist"** nicht vergeben werden, da sie das zurückweist, was Vergebung möglich macht! **Die Barmherzigkeit Gottes muss angenommen werden!**

Das **Sakrament der Buße** spielt bei Katharina eine hervorragende Rolle, sie hat oft gebeichtet. Für die Amtsträger gilt: **kein Richten und keine Verurteilung, Mitgefühl und Barmherzigkeit, demütige Frage nach der geheimen Absicht Gottes in der Zulassung der Sünde und die Bereitschaft, die Buße stellvertretend auf sich zu nehmen**.

Eine grundsätzliche Verweigerung des Bußsakraments ist für Katharina undenkbar. Sündenvergebung und **Ordnen** sind **Pflichten** des Amtsträgers. In „schwierigen" Fällen (besonders bei wiederverheirateten Geschiedenen!) müssen „**Auswege**" gefunden werden (vgl. 1 Kor 10,13)!

12. Blut

An mehreren Stellen bezeichnet Katharina das Sakrament der Buße auch als „**immerwährende Taufe des Blutes**". Welche Bewandtnis hat es mit diesem Begriff „**Blut**", der für Katharina einen Zentralbegriff darstellt?

Katharina war durch mehrere mystische Erfahrungen mit dem Blut Christi geprägt. Ein Höhepunkt in ihrem Leben war sicherlich die **Stigmatisierung**, selbst wenn diese auf ihren Wunsch unsichtbar geblieben ist, können wir doch von einer ständig präsenten, körperlichen Erfahrung mit dem Blut Christi ausgehen. Erinnert werden wir dabei an *Paulus*: „Zieht an Jesus Christus als Kleid!" (Röm 13,14). Katharina ist schon in ihrem Erdenleben buchstäblich **mit dem Blut Christi bekleidet**!

Das Blut Christi erlebt Katharina als mit „**Feuer**" vermischt - mit dem Heiligen Geist auf Grund der Einheit Christi mit der göttlichen Natur. In der Menschwerdung Jesu hat der Heilige Geist das menschliche Blut „angerührt" und die Vereinigung von Gottheit und Menschheit zum Neuen Bund in seinem Blut bewirkt.

Das „Blut" hat bei Katharina aber auch eine übergeordnete Bedeutung. So spricht sie davon, wir sollen „**das Gedächtnis mit Blut füllen**". Hier geht es, über die Eucharistie hinaus, um die Wohltaten Gottes überhaupt. Wir sollen uns bemühen, immer im Gedächtnis zu behalten, was Gott uns Gutes getan hat; sollen dadurch die Beziehung zu Gott lebendig erhalten, um an Liebe und Dankbarkeit ihm gegenüber zu wachsen. „Bewahrt Euch die ständige Erinnerung an das Blut, jenen Preis, mit dem Ihr so liebevoll erkauft wurdet" (Brief 261). Bei Katharina gibt es keine Halbherzigkeit, kein gleichgültiges Dahindämmern: „Schlaft nicht mehr länger!", drängt sie ihre lauen Briefadressaten immer wieder zu mehr Engagement im Glauben.

13. Eucharistie

Der **Begriff des Blutes** ist bei Katharina **untrennbar mit der Eucharistie verbunden**. Die Amtsträger sollen es „**reichlich spenden**", es ist ihre Hauptaufgabe. Der Papst ist der „**Verwalter**" des Blutes, der „**Kellermeister**" (nicht der Besitzer!) . So ist auch eine Verweigerung des Sakraments der Eucharistie bei ihr völlig ausgeschlossen. Denn: Wirklich „**würdig**", Leib und Blut des Herrn zu empfangen, ist tatsächlich **niemand**! Ausschlaggebend vor Gott ist auch hier das **liebende Verlangen**, das Maß der Sehnsucht nach der Vereinigung mit ihm. „So groß wird euer Anteil ... an den Gnadengaben des Sakraments sein, als die Sehnsucht groß ist, mit der ihr euch bereit macht, es zu empfangen", sagt Gott zu Katharina (Dialog, Kap.110). Der Empfang der Eucharistie kennt keine Alternative! Leidenden und Gescheiterten ist die Eucharistie des „Arztes" Christus ganz besonders zugedacht.

Katharina hatte eine ganz einzigartige Beziehung zur Eucharistie. Es gibt eine Reihe Berichte über außergewöhnliche Kommunionerfahrungen, vor allem im „Supplementum". So hat sie zum Beispiel Christus im heiligen Brot **gesehen**. Und in ihren letzten Lebensjahren hat sie nachweislich nichts mehr gegessen und ausschließlich die Eucharistie und klares Wasser zu sich genommen. Katharina hat damit ihren vielleicht bedeutendsten mystischen Auftrag erfüllt: Sie ist zu einem **lebendigen Zeichen** geworden für das Wort Jesu: „Mein Leib ist eine wahre Speise und mein Blut ist ein wahrer Trank" (Joh 6,55).

Karmelzentrum
1190 Wien-Döbling,
Silbergasse

Vortragsreihe
Prof[in] Irene Heise
2003 - 2008

und

Eröffnung
**„Geistliches Forum
Katharina von
Siena"**
am 26.April 2008

Caterina von Siena:
HYMNUS AUF DIE TUGEND DER GEDULD

O Geduld, wie friedliebend bist du!
O Geduld, wie viel Hoffnung schenkst du denen,
die dich besitzen!
O Geduld, du bist eine Königin, die Aufsicht führt
über den Zorn und nie von ihm besessen wird.
Dein Kleid ist die Sonne,
erhellt mit dem Licht wahrer Gotteserkenntnis
und erwärmt mit der Glut der göttlichen Liebe.
Du süße Geduld, auf die Liebe gegründet,
aus dir kommt die Frucht für die Mitmenschen,
aus dir kommt die Frucht der Ehre Gottes.
Dein Gewand ist bedeckt mit Sternen,
mit all den verschiedenen Tugenden.
Denn es könnte die Geduld
in uns nicht bestehen ohne die Sterne der Tugenden,
zusammen mit der Nacht der Selbsterkenntnis,
die leuchtet gleich dem Schimmer des Mondes.

(Aus Brief 104, bearbeitet und gestaltet durch:
Irene Heise, **Geistliches Forum Katharina von Siena**, Wien)

Die Sakramententheologie der hl. Katharina – Ein Überblick

1. Erbarmen und stellvertretende Sühne

Die Frage des Sakramentenempfanges, auch für wiederverheiratete Geschiedene, könnte längst gelöst sein, hätte man eine kirchliche Ressource nicht übersehen: Lehre und Mystik höchsten Ranges der *hl. Katharina von Siena*! Ihrer Person kommt, wie wir wissen, als Kirchenlehrerin und Europa-Patronin eine überaus hohe kirchliche Kompetenz zu: "Prophetischen Geist" bescheinigte ihr bereits Papst *Pius II.*, mit "eingegossener Gelehrsamkeit", wie ihm auch *Paul VI.* beipflichtet, ist sie die "hervorragendste Lehrerin der Wahrheit" und "wunderbare Hilfe für die Kirche unserer Zeit". Und Papst *Johannes Paul II.* nennt sie gar den "Schutzengel der Kirche"!

Wir erinnern uns an Katharinas zentrales Gleichnis - man kann es nicht oft genug betrachten: Christus als Brücke, die sich von der Ewigkeit her zu den Menschen auf Erden spannt (Dialog). Wer in seiner Nachfolge über diese Brücke geht, wird in einer "*Herberge*" mit Leib und Blut Christi gelabt und ist vom "*Regen der Gerechtigkeit*" geschützt, da die Brücke "*mit Erbarmen überdacht*" ist. Und genau dieses Erbarmen, die Barmherzigkeit Gottes ist es, die in Katharinas Schriften eine überragende Rolle spielt: Nach Katharinas Lehre sind Gottes "*Flügel der Barmherzigkeit*" stets geöffnet, selbst im Dunkel der Todsünde; Gott ist mehr bereit zu verzeihen, als ein Mensch sündigen kann! Gott will Barmherzigkeit sogar dann vor die Gerechtigkeit stellen, wenn der Mensch selbst es nicht will – vor allem dann, wenn ein anderer in *stellvertretender Sühne* für ihn vor Gott tritt.

Gute Hirten der Kirche *richten nicht*, sie nehmen vielmehr die Lasten ihrer "Schäflein" in *stellvertretender Sühne* auf sich und bringen sie "in großem Mitleid" (Empathie!) vor Gott. Sie sollen "das Herz in Barmherzigkeit ausweiten"; nicht durch Vertuschung der Sünde, sondern indem sie mit den Sünder/innen "schwach werden", ihnen die Lasten abnehmen, an Statt ihnen neue aufzubürden. Auch ohne deren vollkommene Reue sollen die Hirten Barmherzigkeit üben, gegebenenfalls über ihre Schwächen hinwegsehen und "*Auswege*" schaffen (1 Kor 10,13!). Und: Der Amtsträger hat die *Pflicht, zu ordnen*, wie Katharina immer wieder betont!

Eine dauerhafte Sakramentenverweigerung ist nach Katharina kein taugliches Mittel zur Buße: Diese muss dem Fassungsvermögen und Gesundheitszustand des/der einzelnen angepasst sein, in einem Maß, dass er/sie es auch tragen kann. Niemand darf auf den Weg schwerer Buße gezwungen werden, wie auch die Zumutung, in einer zweiten Ehe grundsätzlich auf eheliche Akte zu verzichten: "Gebt ihnen die Buße als Werkzeug und nicht als ein Hauptanliegen!", "Oft handelt der besser, der im Unrecht zu sein scheint, weil er weniger Buße tut, aber mehr Liebe hat!".

2. Schwere Sünde und Zulassung Gottes

Bei Katharina ist das Verharren in schwerer Sünde als "Verharren in bösem Tun" definiert. Sie nennt *ein sicheres Zeichen, wenn die Sünde genommen worden ist: Ein guter Wille, Gott nicht zu beleidigen, verbunden mit einer Abneigung gegen die Sünde.* Ohne bewusste Zustimmung zur Sünde gibt es keine Schuld. Wie schwer die Sünde wiegt, wird bestimmt durch das *Maß der Liebe*: Wo Liebe, da Gnade; wo Gnade, da kein Verharren in schwerer Sünde. Gott lässt Gebet und Buße nicht lebenslänglich unbeantwortet, er will neues Leben schenken, auch wenn der Mensch keinen Ausweg mehr weiß. Es obliegt den Hirten der Kirche, einen solchen zu eröffnen!

Alles von *Gott Zugelassene* - so auch Scheitern in der Ehe und eine neue Partnerschaft - entspringt der Barmherzigkeit Gottes und ist nicht als Strafe aufzufassen. Nicht das Richten ist Aufgabe des Amtsträgers, sondern das *Fragen nach der Absicht Gottes im Fehlen und Scheitern, nach Gottes Willen in ihm!* Nur "Elende" geben dem Mitmenschen *Ärgernis*, indem sie ihnen zu schwere Lasten auferlegen. Wenn Gott dem Menschen nicht mehr auferlegt, als er tragen kann, dürfen es auch die Amtsträger nicht! "Wahnsinnigen gleich berauben sie sich der Güter der Erde und des Himmels. Und schon in diesem Leben empfangen sie das Angeld der Hölle." Zuvor sind die "Wahnsinnigen" genauer erörtert worden: Es sind jene, die in ihrem "Unverstand" alle auf den "Weg schwerer Buße" zwingen wollen, den sie selber gehen (und zu gehen in der Lage sind).

3. Rechte Unterscheidung und Unersetzlichkeit der Eucharistie

Die Ursache der Unbarmherzigkeit mancher Hirten ortet Katharina in der *geistlich-religiösen Selbstsucht*, die in ihrer *Eigenliebe* als "Sünde aller Sünden" wurzelt. Sie tritt in verschiedenen Verkleidungen auf, wie in ängstlicher Fixierung auf bestimmte religiöse Praktiken, die den Blick auf das Wesentliche, den Willen Gottes und die konkrete Anrufung des Heiligen Geistes, verstellen. Der Blickwinkel verengt sich immer mehr, die religiöse Praxis wird pervertiert und der Betreffende meint, alles, was nicht in seinen eigenwillig festgelegten und krampfhaft festgehaltenen Horizont passt, scharf ablehnen zu müssen.

Das Heilmittel wäre ein stetes Bemühen um *Selbsterkenntnis*, die Katharina unermüdlich einmahnt. So vermag sich der Blick dem Wehen des Geistes zu öffnen; sein *Licht* ist nötig für einen Respekt vor dem Wirken des Geistes im Nächsten und zur rechten *Unterscheidung*. Niemand darf sich vor Gott mehr erleuchtet wähnen als die anderen, die Gnadengaben sind gemeinsam zu gebrauchen.

Das einzige Unendliche, das der Mensch Gott tatsächlich zu geben vermag, ist *das sehnsüchtige Verlangen als Echo des liebenden Verlangens Gottes nach dem Menschen*. Dazu zählt auch die Bereitschaft zum Leiden, das im Gegensatz zum Verlangen jedoch zeitlich begrenzt ist! Das durch Gebet und Sakramentenempfang stets zu nährende Verlangen ist unendlich höher zu bewerten, weswegen lebenslängliche Bußen verwerflich sind, da sie geeignet sind, das Verlangen nach Gott zu zerstören und auszulöschen! Ein Verbot oder Verzicht auf den Empfang der Eucharistie widerspricht der Vorsehung Gottes, die Eucharistie als "*wahre Speise*" und "*wahrer Trank*" ist unersetzlich und unverzichtbar (Joh 6,55). Katharina, die jahrelang nur von der Eucharistie gelebt hat, ist uns dafür zu einem lebendigen, erschreckend lange unverstandenen Zeichen geworden!

4. Kirche als wesenhaft vergegenwärtigendes Zeichen und Fehlbarkeit des Menschen in der vorläufigen Welt

Katharina sieht den Papst als "Kellermeister", "Türhüter" und "*Verwalter*" der Sakramente im "Weinkeller" der Kirche. Sie *definiert das kirchliche Amt selbst vom (bei ihr sehr differenziert gesehenen) Begriff des Blutes Christi her:* Das Blut ist es, das dem Menschen das Leben der Gnade schenkt und ihn an der Gemeinschaft des Heiligen Geistes Teil haben lässt. "Ihm (dem Papst) wurde aufgetragen, das Blut auszuteilen, und ihm stand es zu, Diener (Priester) einzusetzen, damit sie helfen, das Blut dem ganzen, die Welt umfassenden Leib der Christenheit zuzuführen." Eine *Auswahl an Würdigeren gibt es nur bei den Amtsträgern*, die die Sakramente "reichlich spenden" sollen, nicht jedoch bei den empfangenden Gläubigen! Denn würdig, den Leib und das Blut des Herrn zu empfangen, ist tatsächlich *niemand*!

Die Kirche selbst ist für Katharina *wesenhaft vergegenwärtigendes Zeichen des Bundes Christi mit den Menschen*, wie es auch die Kirche lehrt. Die *Ehe* hingegen ist der vorläufigen Welt zugehörig, noch nicht die Erfüllung und somit *fehlbar*. Hier muss es die Möglichkeit auf einen echten Neubeginn geben, der mit einer Zulassung von wiederverheirateten Geschiedenen zu den Sakramenten Buße und Kommunion einherzugehen hat." Die Wege, die Gott den einzelnen zugedacht hat", weiß die Mystikerin, "sind ganz unterschiedlich, und sogar im Himmel gibt es diese Verschiedenheit... So ist es bei den Heiligen im Himmel: Sie alle gingen die Straße der Liebe - aber auf verschiedenen Wegen. Daher gehört es auch zu den Freuden der Seele im Ewigen Leben, Gottes Größe in seinen Heiligen zu schauen, und zwar in der Vielfalt und Verschiedenheit, mit der Gott diese Heiligen ausgezeichnet hat. Daher sind diejenigen wirklich verrückt, die die Geschöpfe auf ihr Maß zwingen wollen und sich dann aufregen, wenn jemand ihrem Gutdünken nicht folgt. Vielmehr sollen sie sich freuen und Ehrfurcht haben vor den verschiedenen Wegen und Weisen der Diener Gottes."

**Missions-
schwestern
„Königin der
Apostel",**
Bildungszentrum

1170 Wien,
Kreuzwiesengasse

Vortragsreihe
Prof[in] Irene Heise
2009 - 2012

Caterina von Siena:
LOBPREIS DES BLUTES CHRISTI

O glorreiches, Leben spendendes Blut!

Das Unsichtbare hast du uns sichtbar gemacht.

Du hast uns die göttliche Barmherzigkeit gezeigt
und die Sünde des Ungehorsams abgewaschen

durch den Gehorsam des Wortes,
aus dem das Blut entströmte!

(Aus Brief 55, bearbeitet und gestaltet durch:
Irene Heise, **Geistliches Forum Katharina von Siena**, Wien)

Das Bild von der „inneren Zelle"
bei Katharina -
Eine Parallele zur Spiritualität des Karmel

Wir erinnern uns: Sowohl Katharina, als auch die Heiligen des Karmel, vor allem die KirchenlehrerInnen *Teresa von Avila* und *Johannes vom Kreuz*, stützen sich auf eine gemeinsame theologische Grundlage: *Augustinus*. Katharina ist zusätzlich noch durch *Bernhard von Clairvaux* und, ganz besonders, durch *Thomas von Aquin* geprägt. Mit ihm hat sich auch die Karmelheilige und Europa-Patronin *Edith Stein* auseinandergesetzt in ihrem hochkarätigen, philosophischen Werk: „Endliches und ewiges Sein".
Es lohnt sich, einige, wesentliche Parallelen aufzuspüren!

1. Freundschaft mit Gott und Nacht des Glaubens

Wir haben schon gesehen, dass die **innere „Zelle"**, auch für Katharina eine zentrale Bedeutung hat. In dieser Zelle findet sie im inneren Gebet zur *Freundschaft mit Gott* - ein ganz wesentlicher Begriff auch bei *Teresa von Avila*. Die *„Zelle"* begegnet uns auch bei *Elisabeth von der Dreifaltigkeit*, Selige des Karmel, immer wieder.

Auch das Bild des **„Spiegels"**, bei *Teresa von Avila* häufig, finden wir bei Katharina. So sieht sich Katharina auch selbst nur im Spiegel Gottes, und in diesem Spiegel werden alle Makeln des Geschöpfes sichtbar, was zur Selbsterkenntnis führt! (Dialog, XX). So sagt sie: „Also öffnete sie das Auge des Geistes und spiegelte sich in der göttlichen Liebe", (Dialog, Kap.19, 32). Und sie sieht ihre wichtigsten Ansprechpartner, die Kardinäle, als „Spiegel in der Kirche" bestimmt, in dem sich die Gläubigen einen Widerschein von dem erwarten, was sie sein sollen. (Brief 223).

Auch stilistisch findet sich eine originale Ähnlichkeit zu *Teresa von Avila*: Auch Katharina spricht zuweilen, wenn sie sich in einem geistlichen Zusammenhang nicht persönlich outen will, *in der dritten Person* von sich: „Ich kenne eine Person, ..." Es steckt da eine kluge Vorsichtsmaßnahme dahinter. Allerdings fällt auf, dass Katharina eher selten zu dieser Maßnahme gegriffen hat (bzw. greifen musste). Ihre Autorität als Frau war wohl einzigartig in der Kirchengeschichte.

Eine weitere Parallele ist Katharinas Lehre vom **Aufstieg auf das Kreuz** auf drei Stufen - Füße, Seitenwunde und Mund Christi. Sie hat einen ähnlichen theologischen Inhalt wie der Aufstieg auf den Berg Karmel von *Johannes vom Kreuz*. Die drei Stufen bedeuten dabei die drei Zustände des vollkommenen Lebens im Zusammenhang mit den drei Seelenkräften Verstand, Gedächtnis und Wille. Dieses Bild begegnet uns auch in Katharinas zentralem *Gleichnis von der „Brücke"* wieder. Betrachtungen, die ein eigenes Buch füllen könnten!

Einen großen Stellenwert nimmt auch die „**Nachterfahrung**" ein, die wir ebenfalls ganz besonders bei Johannes vom Kreuz und Edith Stein finden. Katharina hat sie in regelmäßigen Nachtwachen bei ungewöhnlich wenig Schlaf gemacht. „Gott schenkt Trost und Tränen, Freude und Angst, Licht und Nacht zugleich", sagt sie (Dialog, XXII). In der Nacht des Geistes kennt sie nur einen Anker: die Vereinigung des eigenen Willens mit dem Willen Gottes. Hat der Mensch das Licht des Glaubens, findet sich der Mensch auch in den Nächten seines Lebens zurecht.

2. Innere Wohnung und Selbsterkenntnis

Katharinas Begriff der „**Beharrlichkeit**", die sie von uns auf dem Glaubensweg einfordert, findet sich sinngemäß später in *Teresas* Lebensgeschichte, ihrer „Vida", als *„Entschlossenheit"* wieder, geht bei Katharina aber noch ein Stück weiter. Freilich ist hier mitzubedenken, dass in der deutschen Übersetzung aus dem Italienischen beziehungsweise, bei Teresa, aus dem Spanischen nicht alle Nuancen des Ausdrucks glasklar zum Ausdruck zu kommen vermögen.

Die wesentlichste Übereinstimmung Katharinas mit der Karmel-spiritualität stellt aber zweifellos das Bild von der *inneren Zelle* dar. Mit ihm wollen wir uns noch ein wenig genauer beschäftigen. Wir haben schon gehört: Auf Eingebung des Heiligen Geistes begann Katharina schon in jungen Jahren, sich in ihrem Inneren eine Zelle vorzustellen, in der sie Gott ungestört begegnen konnte.

Das Bild der Zelle ist mehrfach biblisch gestützt. Bereits *„Petrus und die anderen Jünger"* hatten sich *zehn Tage lang in eine „Zelle"* (in ein **Haus**) *„wachend und in ständigem Gebet" zurückgezogen,* bevor sie - gestärkt durch den Heiligen Geist am Pfingsttag - ihr apostolisches Wirken begannen. In diesem Zusammenhang einer originellen Deutung der genannten zehn Tage spannt Katharina noch zusätzlich einen Bogen zu den Zehn Geboten: „Ich sagte, dass die Jünger zehn Tage blieben und dann der Heilige Geist kam. Genauso müssen jene, die diese Vollkommenheit erreichen wollen, *zehn Tage bleiben, das heißt in den Zehn Geboten des Gesetzes.* Und mit den Geboten des Gesetzes beachten sie (die Ordensleute, Anm.) die Evangelischen Räte... Die Laien in der Welt müssen die Räte... in geistiger Weise befolgen." (Brief 94).

Achte darauf, die **Kammer der Selbsterkenntnis** nicht zu ver-lassen", spricht Gott selbst zu Katharina; „entfalte und bewahre den *Schatz,* den ich dir gegeben habe." (LMaj, 439). Dem offenbar etwas entmutigten Raimund schreibt Katharina: „Zieht euch zurück in heiliger Betrachtung in der *Zelle der Selbsterkenntnis...* Seid klug in allem und stellt euch immer Gott vor Augen! Was immer Ihr zu tun oder zu sagen habt, das wiederholt zuerst im Gebet zwischen Gott und Euch. Und der Lehrer, den Ihr dabei finden werdet, ist der Heilige Geist, der Erbarmen ist."

Als Katharina wieder einmal Schwierigkeiten mit der Kommu-nionerlaubnis hat und befürchtet, einmal mehr aus der Kirche gejagt zu werden, erinnert Gott sie: „Meine Tochter, wohin willst du fliehen? Weißt du nicht, dass deine Seele meine **Wohnung** ist? Wohin du auch gehst, wirst du mit mir sein, weil ich mit dir bin." (Suppl, 123). Und eines Tages, als sie wieder einmal unter mangelnder Ruhe zum Gebet leidet, tröstet Gott sie: „Viele sind in einer Zelle und doch außerhalb der Zelle" - Ordensleute, die zu wenig innere Einkehr halten. Ein anderes Mal, als sie in leidvoller Prüfung die spürbare Tröstung Gottes vermisst hat, fragt sie Christus in einer visionären Begegnung: „Mein liebster Herr, wo bist du gewesen, als mein Herz voll bitteren Leids war?" Worauf der Herr ihr zur Antwort gibt: „Ich war in deinem Herzen." Katharina ist darüber „sehr erstaunt.", wie wir erfahren, worauf ihr Christus „häufigere und vertrautere Besuche" verheißt. (LMin, 85f).

In ihrem „Dialog" kommt Katharina bereits im allerersten Satz auf die Zelle der Selbsterkenntnis zu sprechen, in der man es sich „angewöhnt" hat, zu wohnen. (Dialog, Kap.1, 1). Diese Zelle sollen wir so oft als möglich aufsuchen (Brief 342); wir sollen in unsere Zelle „flüchten" und dort „unseren Geist füllen" (Brief 37).

3. Die Zelle als Schutzburg

Die Zelle bietet **Schutz**, wo immer man sich auch aufhält. (Suppl, 321f). In der Zelle finden wir *Schutz*, wir sollen sie „immer bewohnen", hier können uns unsere Feinde nichts anhaben (Brief 373). Wenn Katharina die Schutzfunktion der inneren Zelle hervorkehren möchte, kommt auch bei ihr das Bild von der „**Seelenburg**" zur Sprache, das *Teresa von Avila* später zu einem Hauptwerk veranlasst hat. So fordert Katharina eine Ordensschwester auf, zu Christus zu kommen, zu seiner Stärke, um ihre Seelenburg „abzusichern" (Brief 221). Und einen Kriegsführer fordert sie auf: „Hüllen Sie sich in den Panzer göttlicher Liebe! So werden Sie Ihre Menschenfurcht besiegen und Ihre Seelenburg besitzen."

Auch **Maria**, die Mutter Jesu, ist in der Zelle zu finden, wie es am Schluss eines Briefes heißt: „Geht aber zuerst in Eure Zelle zu Maria und zum heiligsten Kreuz, um dort demütig zu beten... Und dann geht voll Zuversicht und tut, was Ihr könnt, zur Ehre Gottes und zum Heil der Seelen." Bevor es zum Apostolat geht, gilt es, die innere Zelle aufzusuchen, um aus der Tiefe heraus wirken zu können, damit das Apostolat fruchtbar wird (Brief 267).

„Den aus der Tiefe Lebenden ist „... *die Zelle ein* **Himmel**, *denn die Einsamkeit erfreut sie, weil sie so ihrem Schöpfer näher kommen und sich nichts zwischen Gott und die Seele schiebt*", unterweist Katharina einige Olivetaner-Novizen (Brief 203). Wer in diesem „Himmel" wohnt, hat kein Verlangen mehr nach materiellen Dingen. Der „Himmel Zelle" ist zugleich eine Wohnung, die wir überall hin mitnehmen können (wobei sich hier die Assoziation einer Schnecke mit Haus aufdrängt!). Das „Ausschwärmen" aus der Zelle hingegen zieht innere Leere, Zerstreuung, ein Nachlassen des spirituellen Eifers und schlussendlich das Erkalten des Verlangens nach Gott nach sich (Brief 370). An anderer Stelle wird die Zelle als *„Brunnen"* gesehen: „Steigen wir also hinab in die Tiefe dieses Brunnens!" (Brief 41).

An einer einzigen Stelle in Katharinas Schriften, in einem Brief an einen Dominikaner, den sie selbst (wie etliche andere) dem Orden zugeführt hat, ist sogar von einer *„Zelle in der Zelle"* die Rede. Hier unterscheidet sie ganz betont zwischen **Selbst-** und (der sonst mit eingeschlossenen) **Gotteserkenntnis:** „In dieser Zelle ist noch eine andere Zelle, nämlich die Zelle der uns erwiesenen Güte Gottes." (Brief 94). In einem ihrer Schreiben an Raimund *umgibt* diese Güte Gottes die Selbsterkenntnis: „Dabei wohnen wir in der inneren Zelle der Selbsterkenntnis, die umgeben ist von der Zelle der Erkenntnis der uns erwiesenen Güte Gottes... Hier, in der Zelle der Lobpreisung des göttlichen Namens, erwartet uns auch das Bett für unsere innere Ruhe" (Brief 104). Die scheinbare Inkonsequenz ergibt sich aus der lebendigen Spiritualität Katharinas, die, genährt aus zahllosen visionären Betrachtungen, stets neue, facettenreiche Sichtweisen hervorbringt, die immer wieder aufs Neue überraschen und Katharina selbst so außergewöhnlich faszinierend macht - soferne man willens ist, sich dem Wehen des Geistes Gottes in dieser außergewöhnlichen Heiligengestalt tatsächlich zu öffnen!

An den Eingang der Zelle unserer Selbsterkenntnis empfiehlt uns Katharina - sehr originell! -, den **„Wachhund des Gewissens"** zu setzen, der „... sofort bellt, sobald er das Nahen von Feinden spürt - nämlich alle möglichen schlechten Gedanken, die in unser Herz eindringen wollen. Aber er bellt auch, wenn Freunde kommen, wenn es heilige und gute Gedanken sind, die uns zum Verrichten eines guten Werkes antreiben." Auf diese Weise vermögen wir die „Stadt unserer Seele" zu festigen und die „**Schönheit unserer Seele**" zu bewahren, da die Wolke der Eigenliebe sie nicht mehr bedeckt. (Brief 2).

4. Zelle und „schöne Seele"

Die „**schöne**" Seele ist die Seele in Frieden und Ruhe. In der Zelle der Selbsterkenntnis erwartet sie das Kommen des Heiligen Geistes. Dies bedeutet kein Warten in Müßiggang, sondern, wie Katharina bemerkt, „in Wachen und fortwährendem heiligen Gebet... Sie schließt das Geistesauge nicht, sondern wacht mit dem Licht des Glaubens, um darin die Zärtlichkeit meiner Liebe zu bewachen" (Dialog, Kap.63, 77).

In ihrer Fähigkeit der Seelenschau vermochte Katharina **die potentielle Schönheit der Seelen zu schauen** - also die Schönheit der Seele, wie sie von Gott geschaffen wurde, ohne ihre tatsächliche Verunstaltung von Sünde und Schuld. So fragt Gott Katharina einmal: „*Scheint die Seele dir nicht voll Glanz und Schönheit? Wer würde nicht jede Mühe auf sich nehmen für ihr Heil? Wenn ich, der ich die höchste Schönheit bin und von dem jede andere Schönheit kommt, so sehr ob der Schönheit der Seelen in Liebe entbrannt war, dass ich in meinem Sohn zur Erde herabstieg - um wie viel mehr müsst Ihr euch bemühen um die Schönheit der Seelen.*"

Katharina hat in ihren Ekstasen *geschaut*, wovon der Erste Korintherbrief uns eine Ahnung verleiht: „*Kein Auge hat es je gesehen, kein Ohr hat es je vernommen, was Gott denen bereit hält, die ihn lieben!*" (1 Kor. 2,99). Sie Katharina spricht davon, Gottes „*...Schönheit im Abgrund der Dreieinigkeit zu verkosten*". Und in einer Vision spricht Gott selbst zu ihr: „*All diese Herrlichkeit, die dein Geist nie zu erfassen vermag, habe ich euch geschenkt.*"

In Katharinas Mystik ist der Mensch dazu erschaffen worden, um Gottes Schönheit zu schauen, ihn zu lieben und darin ewig selig zu sein. „*Du hast mich aus dir herausgezogen*", spricht sie pointiert in ihren Gebeten. Und das erklärt sie genauer: *„Als Gott in sich hineinblickte, verliebte er sich in die Schönheit seiner Geschöpfe und wurde so sehr hingerissen vom Feuer seiner unschätzbaren Liebe, dass er uns erschuf - und zwar nur aus dem einen Grund, damit wir ewiges Leben haben und uns freuen können an seinem unendlichen Gut, das Gott in sich besitzt und dort genießt".*

„Er tat es, bewogen vom Feuer seiner göttlichen Liebe, aus Liebe zu seinen Geschöpfen, indem er in sich hineinblickte und uns sah und vor Liebe erglühte über unsere Schönheit, über das Werk seiner eigenen Hände". Gott hat uns erschaffen, *„... um seine Schönheit und das ewige Leben ohne Tod zu genießen und uns darin ewig zu freuen".*

Die Schönheit unserer Seele wird bewahrt durch das Licht der Vernunft, durch das wir die Vorsehung und den Willen Gottes erkennen und danach zu leben vermögen. Unsere Fehler beeinträchtigen unsere Schönheit und unsere Würde, weswegen wir uns die Güte und *Schönheit Gottes* immer wieder *zu vergegenwärtigen und zu verinnerlichen* haben. Eine Aufgabe für das ganze Leben!

„Öffne das Auge deines Geistes", lässt Katharina Gott selbst in ihrem, in Ekstase entstandenen, Buch aussprechen, *„und schau in mich; hier wirst du die Würde und Schönheit meines vernunftbegabten Geschöpfes erkennen. Und mit dieser Würde, die ich der Seele verlieh, als ich sie nach meinem Bild und Gleichnis erschuf, betrachte ich auch die Schönheit derer, die, mit dem hochzeitlichen Gewand bekleidet und mit vielen echten Tugenden geschmückt, mir in der Liebe geeint sind. Und fragtest du mich, wer sie seien, würde ich dir antworten (...): Sie sind mein zweites Ich."*

Und Katharina verheißt: *"Wenn dann das Tor (zum ewigen Leben) offen ist, wirst du den ewigen Bräutigam vorfinden, der dich zu sich nehmen wird. Du wirst an seiner Schönheit und Güte Teil haben."*

„Er ist die höchste Weisheit und die höchste Macht, die höchste Güte und die höchste Schönheit – so sehr, dass über diese Schönheit selbst die Sonne staunt."

Einer Ordensfrau schreibt Katharina sehr bewegend: „Geh in die Zelle hinein und leg dich ins Bett - ins *Bett der zärtlichen Liebe Gottes*, die Du im Inneren dieser Zelle, nämlich in Dir selbst, findest... Bleibe in diesem wunderbaren **Ruhebett!"**

Welch unbeschreibliches Glück, welch unsagbaren Frieden verheißendes Wort! Lassen wir es in uns nachhallen, hinein in unseren Alltag!

Feier der Aufnahme

des

„Geistlichen Forums Katharina von Siena"

in die

Erneuerungsbewegungen der Erzdiözese Wien

am 30.April 2010

Caterina von Siena:
HINGABE DER SEELE

Ewiger Gott und guter Meister,
du hast das Gefäß deiner Kreatur
aus dem Schlamm der Erde geschaffen und geformt.
O zärtlichste Liebe, du hast aus dem so wertlosen Stoff
dieses Gefäß geformt
und einen so großen und kostbaren Schatz
diesem Gefäß eingegossen:
Die Seele, die dein Bild trägt, ewiger Gott.
Dir, ewiger Vater, weihe ich armes Geschöpf aufs Neue
mein Leben für deine süße Braut, die Kirche.

Sollte es deiner Barmherzigkeit und Güte gefallen,
mich aus dem Gefäß meines Leibes herauszureißen
und mich nicht mehr dahin zurückkehren zu lassen,
dann lass die geliebten Söhne nicht als Waisen zurück,
sondern suche sie heim mit deiner Gnade und schenke ihnen
im Tod das Leben in deinem vollkommenen Licht.
Binde sie aneinander mit dem süßen Band der Liebe,
damit sie wie in Verzückung in dieser süßen Braut verbleiben.
Auch bitte ich dich, ewiger Vater,
dass keiner von ihnen meinen Händen entrissen werden möge.

Ich habe gesündigt, Herr, erbarme dich meiner!
Ich weihe dir meine geliebtesten Söhne
und vertraue sie dir an,
denn sie sind meine Seele.
Und wenn es deiner Güte gefällt,
dass ich noch in diesem Gefäß zurückbleibe,
dann mögest du,
der größte Arzt,
dich darum kümmern und für dieses Gefäß Sorge tragen,
denn es ist ringsum voller Risse.
Gib uns, ewiger Vater, gib uns deinen süßen Segen.
Amen.

(Aus. T:Caffarini; Supplementum, 298f, bearbeitet und gestaltet durch:
Irene Heise, **Geistliches Forum Katharina von Siena**, Wien)

Vollkommene und unvollkommene „Tränen" – Das Gebet bei Katharina

1. Katharinas Gebetsschule und ihre fünf Arten zu beten

Um eine erste Ahnung davon zu bekommen, welche überragende Bedeutung das Gebet im Leben Katharinas hatte, ist es interessant, uns gleich zu Anfang einen Einblick in eine dramatische Familiensituation zu verschaffen: Katharinas Mutter Lapa erkrankt schwer und verweigert die Sterbesakramente. Trotz eindringlicher Bitten Katharinas hört die Mutter eines Tages zu atmen auf, und man hält sie für tot:

„Als Katharina dies sah, hob sie die Augen zum Himmel und rief unter Tränen: ‚... Hast du mir nicht in deiner Barmherzigkeit zugesagt, dass du meine Mutter nicht aus dieser Welt nehmen würdest, solange sie noch nicht dazu bereit wäre? Und jetzt sehe ich sie tot, gestorben ohne das Sakrament der Kirche! Ich beschwöre dich bei deiner ganzen Barmherzigkeit: Lass nicht zu, dass ich so enttäuscht werde! Ich werde lebend nicht einen Schritt von hier weggehen, ehe du mir nicht meine Mutter wieder lebend zurückgegeben hast.'
Drei Frauen aus Siena, deren Namen angeführt werden, haben diese Worte gehört und das ganze Geschehen miterlebt. Sie haben klar und eindeutig wahr genommen, wie Lapa ihren Geist aushauchte, wie der Leib kein Lebenszeichen mehr erkennen ließ, als sie ihn berührten, und sie hätten alle bei einem solchen Ereignis notwendigen Maßnahmen ergriffen, wenn sie nicht noch gewartet hätten, bis die Jungfrau ihr Gebet beendete...
Was soll ich noch mehr sagen? Die Jungfrau betete, und die lauten Rufe ihres Herzens drangen empor zum Himmel; alle Not ihres Herzens wurde im Angesicht Gottes offenbar, und ihren Augen entströmten heiße Tränen der Demut. So konnte es nicht sein, dass dieses Gebet unerhört blieb.

Der Herr allen Trostes und Erbarmens erhörte sie also, und in Gegenwart der bereits erwähnten und namentlich angeführten Zeugen begann sich der gesamte Leib Lapas plötzlich zu bewegen; ihr Geist kehrte vollständig zurück, und sie konnte sich wieder ungehindert ihren Aufgaben widmen." (LMaj, 307).
Mutter Lapa würde noch ein Alter von neunundachtzig Jahren erreichen und ihre Tochter Katharina um etliche Jahre überleben.

Bevor wir auf die "vollkommenen und unvollkommenen Tränen" zu sprechen kommen, ein kurzer Blick auf die Gebetspraxis der damaligen Zeit. Im 14.Jahrhundert war es üblich, etliche Vaterunser aneinander zu reihen, wenn man - wie damals im Kirchenvolk häufig - des Lesens unkundig war. Sogar eine Gebetsschnur gab es dazu, die erst später vom Rosenkranz abgelöst worden ist. Das Stundengebet war dem Klerus vorbehalten.
Wie das Lesen, so hat Katharina auch das Schreiben noch später und auf ähnlich wunderbare Weise gelernt, so dass es einige, wenige Texte mit ihrer eigenen Handschrift gegeben hat. Leider scheint keiner davon mehr erhalten zu sein, zumindest sind sie bis heute nicht auffindbar. Katharina betont, dass sie „in allen Dingen, die zum Heil führen, niemals ein Mann oder eine Frau unterwiesen" habe, sondern einzig und allein Jesus Christus selbst (LMaj, 127). So auch im Gebet.

Bei Katharina finden wir **fünf Arten des Gebets**: *Reue-, Dank-, Lob-, Hingabe- und Fürbittgebet.* Wir halten zu jeder dieser fünf Gebetsarten ein Beispiel aus Katharinas Gebetsschatz in Händen (siehe Anhang, Anm.); sie alle sind zum persönlichen Gebrauch besonders zu empfehlen. Drei Dinge könnten uns dabei auffallen:
Erstens *gehen bei Katharina die Gebetsarten oft „nahtlos" ineinander über*: Das Reuegebet führt zum Dank über die Barmherzigkeit Gottes, dieses mündet in das Lob und gipfelt im Hingabegebet, das wiederum zur Fürbitte für die Mitmenschen drängt.
Zum zweiten könnte uns auffallen, dass - zieht man die Gebete in der Heiligen Schrift zum Vergleich heran - *das reine Klagegebet nicht vorkommt!* Nicht, dass Katharina niemals im Gebet geklagt hätte! Ihr allerdings waren die Ursachen der Missstände so klar präsent, dass

sie bei den Klagen nicht lange verharrte. Ihre Klagen gingen sehr rasch in Selbstanklagen und somit in ein Reuegebet, in anderen Fällen in eine klare Benennung der Fehler anderer und in ein Fürbittgebet für diese über.

Zum dritten könnten wir bemerken, dass Katharinas Gebete immer wieder ihren *Zwiesprachen mit Gott*, aber auch *mit verschiedenen Heiligen*, die ihr immer wieder erschienen sind, entspringen. Dies macht sie außerordentlich beachtenswert für uns!

An dieser Stelle ein praktischer Hinweis: Im Anschluss an dieses Kapitel sind je ein Beispiel eines Reue-, Dank-, Lob-, Hingabe- und Fürbittgebets Katharinas, als Gemeindegebete ausgearbeitet, vorgestellt!

2. Zwei Weisen des Gebets: Mündliches und inneres Beten

Man darf - und das überrascht vielleicht - nicht übersehen, dass Katharina trotz ihrer außergewöhnlichen Christusbeziehung doch *nie das gesprochene (mündliche) Gebet gegenüber dem inneren Gebet gering geschätzt* hat! Deshalb dürfen diese beiden Gebetsweisen nicht getrennt gesehen werden, sondern sind gleichzeitig zu betrachten.

„Sie unterschied eine zweifache Weise des Gebetes", erzählt auch ihr Biograph (LMaj, 446). Das **mündliche Gebet** dient dem Zweck der *Hinführung zum inneren Gebet* und soll *in Konzentration auf die liebende Hingabe zu Gott gesprochen* werden, an Statt dass peinlich genau auf den „Klang" der einzelnen Worte geachtet wird. Das **innere Gebet** soll zu einem „ständigen" werden, zu dem jede/r verpflichtet ist. Es ist kein Privileg der MystikerInnen!

Katharina nennt auch einen Weg, vom mündlichen zum inneren Gebet zu kommen: „Wenn Ihr spürt, dass Euer Geist (von Gott) besucht wird, dann lasst die Worte beiseite". (Brief 154). Zugleich weist sie darauf hin, dies wäre ein Rat, *den Ängstliche („Eigenwillige", die an den Buchstaben hängen) eher nicht befolgen*, was aber dazu führt, dass sie *dem, was Gott ihnen in dieser konkreten Stunde sagen möchte, nicht zuhören (wollen)*. In ihren krampfhaft und ängstlich eingehaltenen Gebets- (und Buß)ritualen engen sie sich selbst ein und *sperren sie sich gegen das Wirken des Heiligen Geistes* - und so kommt es dazu, dass viele, auch Amtsträger, dem

Wirken des barmherzigen Gottes gegenüber (ja sogar für ein grundlegendes Verständnis für die Barmherzigkeit Gottes!), *auf Dauer blind und verschlossen bleiben.*

Es drängt sich hier auf, Katharinas Ausführungen zum mündlichen und inneren Gebet in ihrem *„Gespräch von Gottes Vorsehung"* (auch: *„Dialog von der göttlichen Vorsehung"*) ausführlich wiederzugeben! „Bei vielen Seelen ist es nämlich so:", gibt sie Gottes Unterweisung wieder, „Ihr Gebet besteht mehr aus Worten denn aus Liebe. Es ist, als seien sie auf nichts anderes bedacht, als möglichst viele Psalmen und Vaterunser abzubeten. Haben sie die Zahl erfüllt, die sie sich vorgenommen hatten, dann denken sie nicht weiter. Sie scheinen ihr Gebet auf das mündliche Hersagen zu begrenzen; damit ist es aber nicht getan, und lassen sie es dabei bewenden, dann erzielen sie *wenig* Frucht, und mir ist solches Gebet nicht wohlgefällig." (Dialog, Kap. 66, 82f) Sie schließt hier nahtlos an obige Ausführungen an, wobei aber bemerkenswert ist, dass sogar ein heruntergesagtes Lippengebet immerhin noch *„wenig"* Frucht zu bringen vermag, womit jeder Geringschätzung des mündlichen Gebets eine Absage erteilt ist! Das unvollkommenste, mündliche Gebet ist immer noch besser als gar keines.

Lesen wir weiter: „Fragst du mich aber: Soll man es also lassen (das mündliche Gebet, Anm.), da doch nur wenige zum inneren Gebet hingezogen scheinen, so erwidere ich dir: Keineswegs, doch man soll *mit Ordnung vorgehen...* Selbstverständlich soll sie (die Seele, Anm.) um nicht dem Müßiggang zu verfallen, das mündliche Gebet pflegen, solange sie unvollkommen ist, aber nicht, ohne gleichzeitig nach dem inneren zu streben. Während sie betet, soll sie den Geist zu mir erheben und auf meine Liebe ausrichten."

Weiter führt Katharina aus: „Nur ist sie (die Seele, Anm.) bisweilen so töricht, wenn sie sich eine bestimmte Zahl von Zungengebeten vorgenommen hat, meine Heimsuchung unbeachtet zu lassen... Deshalb soll die Seele, sobald sie fühlt, dass ihr Geist für meine Heimsuchung bereit wird, das mündliche Gebet fahren lassen. Wenn dann die Heimsuchung (die spürbare, spirituelle Gotteserfahrung, Anm.) vorüber ist, kann die Seele, falls sie Zeit hat, die vorgenommenen Gebete wieder aufnehmen. Hat sie aber keine Zeit, soll sie sich keine Sorgen machen noch sich dadurch verdrießen und in geistige Verwirrung bringen lassen." Eine Ausnahme bilden bei Katharina die kirchlichen Stundengebete, zu denen Amtsträger und Ordensleute verpflichtet sind. „Bei jedem anderen Gebet aber, das die Seele unternimmt", heißt es nochmals, „muss sie mit dem mündlichen beginnen und von dort zum inneren übergehen. Fühlt sich der Geist zu diesem bereit, dann muss sie aus dem genannten Grund jenes lassen und darf doch das mündliche Gebet, wie beschaffen es auch sei, nicht aufgeben.".

„Du siehst", fährt Gott im „Dialog" fort, „du wirst beide, das mündliche und das innere Gebet, besitzen, denn sie gehören ebenso zusammen wie das tätige und das beschauliche Leben... Denn jeder muss ja seinem Stand gemäß für das Heil der Seelen wirken, gemäß der Grundabsicht meines heiligen Willens."

3. Die „Tränen": Sinnliche, Unvollkommene, vollkommenere, vollkommene Tränen und Feuertränen

So weit haben wir Katharina gut verstehen können. Doch welchen Bezug stellt sie nun zwischen dem Gebet und unseren Tränen her? Der Grundgedanke ist, dass *echtes Gebet mit einem wachsenden und sehnsuchtsvollen Verlangen nach Gott und dem Heil der Mitmenschen einher gehen.* So stellt Katharina einen überaus interessanten *Bezug des sehnsüchtig liebenden Herzens zu den Augen des Betenden* her: Spüren wir „das Feuer der göttlichen Liebe" und „brennt unser sehnsüchtiges Verlangen", beginnen die Augen zu nässen und wir fangen an zu weinen - „so wie junges Holz, das ins Feuer geworfen wird, auf Grund der großen Hitze zu wässern beginnt". (Brief 154, 76).

Das *Weinen des Verlangens* hängt nun qualitativ von der Tiefe unserer Gottes- und Nächstenliebe ab, weswegen sich *fünf unterschiedliche Arten von „Tränen"* unterscheiden lassen. Katharina hat sie im sogenannten „**Tränentraktat**" ihres Buches, des „Dialoges von der göttlichen Vorsehung", beschrieben. So sagt sie über sich selbst: „Sie richtete ihr Geistesauge empor auf die süße Wahrheit, mit der sie vereint war (Gott, Anm.), und wollte noch mehr über die erwähnten, von Gott geschilderten Zustände erfahren; und da sie wahr nahm, dass man sie durch Tränen erlange, wollte sie von der Wahrheit über die verschiedenen Arten von Tränen, deren Beschaffenheit, Herkunft und Ursachen etwas vernehmen."

Die Antwort wird ihr von der „höchsten, sanften Liebe Gottes" in Ekstase auch gewährt. So spricht Gott zu ihr: *„Tränen nenne ich das demütige und unablässige Gebet, das mir im Feuer glühenden Verlangens dargeboten wird."*. Und sie wird aufgefordert: „Öffne das Auge deines Geistes gut..." Nachdem es sich hier um höchste mystische Ansprüche handelt, hat sogar Katharina ihr Auge des Geistes hier gut zu öffnen (Dialog, Kap.86f, 106f)! Werfen wir nun einen Blick auf die verschiedenen Arten von Tränen, wie sie Katharina von Gott mitgeteilt bekommen hat.

Die *erste Art* sind die **sinnlichen Tränen**, es sind die Tränen, die *aus Schmerz um Sinnliches* vergossen werden *auf Grund noch „ungeordneter" Liebe*, die nicht von Gott stammt. Sie werden geweint um Dinge, die in sich keinen Wert besitzen - etwa beim Verlust einer unbedeutenden Sache, an die sich das Herz „gehängt" hat, oder aus Ursachen heraus, die nicht mit dem Willen Gottes in Einklang stehen. Solche Tränen haben vor Gott und für das Heil des Menschen keinen Wert.
Ihre *Wirkung* kann sogar Schaden für die Seele oder die Mitmenschen sein - je nach dem Grad der persönlichen Abhängigkeit oder sogar Schuld - , weswegen auch von „Tränen des Todes" gesprochen werden kann.

Die *zweite Art* sind die **unvollkommenen Tränen**, „... die Tränen derer nämlich, die ihre Sünden erkennen und *aus Furcht vor Strafe* zu weinen beginnen". Es sind noch Tränen, die nicht echter Reue aus Liebe zu Gott entspringen. Trotzdem mischt sich in diese Tränen bereits *eine gewisse Hoffnung auf die göttliche Barmherzigkeit*, weswegen sie bereits *„zum Leben hinleiten"*. Die Seele, die „noch nicht zu höherer Vollkommenheit gelangt ist", vergießt noch häufig solche Tränen des Selbstmitleids: wenn ihr etwas Geliebtes entrissen wird, das einen gewissen Wert in sich birgt, bei Nachstellungen von Menschen, wenn Versuchungen quälen. Es sind Tränen, die die meisten von uns wohl noch reichlich vergießen!

Die *Wirkungen* solcher Tränen sind bereits positiv: sie führen zu einer Reinigung der Seele, zum Frieden des Gewissens und einem Erstarken der Neigung zur Tugend hin.

Die *dritte Art* sind die **vollkommeneren Tränen**; sie weinen jene, die bereits erfolgreich in der Selbsterkenntnis geübt sind und begonnen haben, ihren Willen dem Willen Gottes anzugleichen. *Ihre Tränen „überfließen" bereits aus herzlicher Liebe zu Gott und im Sinne Gottes* und werden geweint, wenn Gott beleidigt wird, wenn dem Mitmenschen Böses widerfährt. Das eigene Leid spielt dabei immer weniger eine Rolle.
Die *Wirkungen* dieser Tränen sind zunehmende Kraft in der Tugend, dabei vor allem eine Zunahme an Demut und Geduld (die zugleich die Seele vor Leid schützt!).

Die *vierte Art* sind die **vollkommenen Tränen**; sie vergießen jene, die ihre liebende Begierde ganz nach Gott ausgerichtet haben und zum „höchsten Zustand" gelangen.
Menschen, die *nur* mehr solche Tränen vergießen, wird als *Wirkung* die innere Ruhe, eine „fühlbare Einigung" mit der Liebe Gottes verheißen, „wie das Kindlein, das still im Arm der Mutter ruht". So lässt Katharina Gott sagen: „Indem die Seele ihre liebende Begierde nach ihrer Erkenntnis stimmt, ... ruht sie aus im Meer des Friedens, das Herz in mir durch die Kraft der Liebe geeint, und wenn sie meiner, der ewigen Gottheit, inne wird, beginnt das Auge süße Tränen zu vergießen." Es sind Tränen der Liebe über die Barmherzigkeit Gottes und des tiefen Schmerzes über die Sünde des Nächsten.

Schließlich stellt uns der „Dialog" als fünfte Art noch die **Feuertränen** vor: Hier handelt es sich um „Tränen, die nicht dem Auge entfließen; sie betreffen solche, die oft nach Tränen verlangen, sie aber nicht erhalten können." Es gibt Menschen, *die sich die Gabe der Tränen - das heißt, das gefühlte liebende Verlangen - vergeblich wünschen*. Das kann bei jedem Menschen phasenweise der Fall sein! Bringt der Mensch „tränenlos" seine Wünsche vor Gott, so sind das „feurige Tränen". Gefühle des liebenden Verlangens in der Seele lassen sich nicht erzwingen, es gibt auch Trockenzeiten: So spricht

Gott zu Katharina: „Bisweilen lasse ich zu, dass der Seele keine leiblichen Tränen gewährt werden, damit sie verdemütigt vor mir verharre und in stetem Gebet und Sehnen mich koste. ... Aber geistige gebe ich ihr, die von Herzen kommen, voll des Feuers meiner göttlichen Liebe. Solche Menschen werden mir in jedem Stand und jederzeit wohlgefällig sein." Gott nimmt dann den guten, „feurigen" Willen für das Werk, und es weint der Heilige Geist selbst für ihn in seinen Nächsten, wobei Katharina einen Bezug zu *Paulus* herstellt, der Heilige Geist trete in unaussprechlichen Seufzern für uns ein (Röm 8,26).

Wie fruchtbar die Feuertränen sind, welche positiven *Wirkungen* sie hervorbringen, hängt auch hier vom Maß der Liebe ab. (ausführlich in Dialog, Kap.88ff, 107-120).

Vielleicht wird uns bei den „Tränen" ganz besonders bewusst, worauf Katharina in ihrer Lehre und Mystik die Hauptakzente setzt: Es gilt, vor Gott „mit unaussprechlichen Seufzern" (Röm 8,26) für die anderen einzutreten, in *liebendem Verlangen* und *Sühnebereitschaft*.

4. Beharrlichkeit im Gebet als Voraussetzung für rechtes Handeln

Das Gebet hatte in Katharinas Leben eine Vorrangstellung. Im Gebet suchte und fand sie die Gegenwart Christi. Es wurde immer mehr zur Zwiesprache mit dem gegenwärtigen Herrn, zum Austausch mit oder ohne Worte, zum Verweilen in Gottes Gegenwart. Belehrt wurde sie, wie wir eingangs gehört haben, durch Christus selbst, und zwar entweder durch Eingebung von Einsichten, oder durch seine Erscheinung. Damit ist Katharinas Gebet Versenkung ihres Verstandes in die Liebe Christi, um diese Liebe auch mit Liebe zu beantworten. Ihr Gebet sowie auch ihre Verkündigung wurzeln daher in der Liebe zu Gott und zu ihren Mitmenschen, wobei ihr als Laiendominikanerin *Dominikus* ein besonderes Vorbild gewesen ist (Schl, 148ff).

Das Gebet soll *am Anfang jeden Tuns* stehen , da es erst die **Grundvoraussetzung zu rechtem und optimal Frucht bringen-**

dem Handeln schafft. „Was immer Ihr zu tun oder zu sagen habt, das wiederholt zuerst im Gebet zwischen Gott und Euch", sagt Katharina „Der Lehrer, den Ihr dabei finden werdet, ist *der Heilige Geist, der Erbarmen ist.*" (Brief 267). Beten bedeutet, sich „... in die unsichtbare Schau zu versenken, die uns nicht genommen werden kann; denn Hingabe und Liebe können nie vergehen, wenn wir das nicht wollen." (Brief 187). Und Beten heißt, „die Waffe des beständigen, demütigen und liebeglühenden Gebets" zu ergreifen (Brief 35). Das gilt besonders für die Hirten der Kirche: Den „wohlriechendsten Duft" im „Garten" der heiligen Kirche verbreiten jene, die recht zu beten verstehen; ihr „... innerer Antrieb zur Liebe handelt in Übereinstimmung mit dem Intellekt" (Brief 22).

Das Gebet soll „*beharrlich geübt*" werden. Wir sollen „... bis zum Ende unseres Lebens in *beständigem, demütigem* Gebet unseren Geist einüben, damit er nie müßig wird" (Brief 287A). **Demütig, beharrlich und vertrauensvoll** soll sich der Mensch an Gott wenden (LMaj, 76). „Seid darum nicht schläfrig", ermahnt Katharina einen Priester, „sondern beharrlich im Wachen (nicht nur körperlich, sondern auch geistig), woraus dann beharrliches Gebet folgt" (Brief 199).

Beharrlichkeit ist also gefragt, Ausdauer auf dem „Schlachtfeld" des Lebens, die keinen Schlag und keine Versuchung scheut. Es gilt, im Gebet **nie nachzulassen**: „Unterlasst das Gebet nicht und geht ihm nicht aus dem Weg, selbst wenn es um Euer Leben gehen sollte. Lasst nie aus Verweichlichung oder Mitleid mit dem Körper nach, denn der Teufel möchte nichts anderes, als uns des Gebetes berauben." (Brief 187).

5. Versuchungen im Gebet: Trockenheit, Glücksgefühle, Trostsucht, Verwirrung, Entmutigung, mangelnde Dankbarkeit und Selbstruhm

Damit sind wir bei den Versuchungen im Gebet angekommen. Wer im Gebet schon eine Wegstrecke zurückgelegt hat, weiß, dass der Zeit des ersten, vertrauten Umganges mit Christus oft eine Zeit folgt, in der die Seele seine Gnade nicht mehr so fühlt wie zur Zeit der

„ersten Liebe". *Gott entzieht sich dem Gefühl, nicht aber der Gnade nach* (welche nur im Stand der Todsünde als bewusste Abwendung von Gott verloren gehen kann). Treue Beterinnen und Beter wissen ja: Zeichen und Ziel dieses Entzuges, dieser **Trockenheit,** ist nicht etwa Gottesferne, sondern sie führt - eine unbeirrte Fortsetzung des Gebets vorausgesetzt (wir erinnern uns an die „Feuertränen!") - zu einer *Läuterung der Liebe* und zur *Verhinderung eines zu starken Abgehoben-Seins von den Aufgaben in der „Welt".* Auch soll die Liebe zu Gott frei werden von jeder „geistlichen Eigenliebe", der Mensch soll Gott *um Gottes selbst willen und nicht seiner Geschenke willen lieben* lernen!

Wie steht es nun mit **Glücksgefühlen,** *den „geistlichen Tröstungen" während des Betens? Sind sie anzustreben?* „Süße Gefühle" stammen nicht immer von Gott, sie können sogar ein *Einfallstor für Täuschungen* sein, denn vor allem wenig Geübte im Gebet vermögen Täuschungen des Versuchers nicht so leicht zu entlarven. Jedoch es gibt *Echtheitskriterien,* und das sind *ein zunehmendes Verlangen nach Gott, vermehrter Eifer für die Nächsten und ein Wachstum in den Tugenden.* (Schl, 153f).

Begreiflich, dass das Gebet als eine Art „Begegnungszentrum" zwischen Gott und Mensch einen bevorzugten Angriffspunkt für den Versucher darstellt! Die Versuchung kann vor allem dort einhaken, wo wir uns *zu wenig auf Gott* und statt dessen *auf unser eigenes Wohlbehagen, unsere religiösen Gefühle konzentrieren und uns innerlich aufregen oder gar entmutigen lassen, wenn uns die geistliche Tröstung abhanden kommt.* „**Trostsucht**" nennt es Katharina treffend. Und im „Dialog" lässt sie Gott diese Zusammenhänge sehr anschaulich darstellen: Die Täuschung liegt darin, „... dass die Seele, vom empfangenen Trost verlockt, solche Tröstung sucht und darin ihre Freude findet. Ja, sie wird, wenn sie meinen Trost und meine Heimsuchung in einer bestimmten Art in sich verspürt hat, den Weg, auf dem sie diese Tröstung empfing, nochmals abschreiten, um sie von neuem zu erleben. Ich aber gewähre sie nicht stets auf die gleiche Art, als hätte ich nichts anderes zu geben, vielmehr gewähre ich sie verschiedenartig, so wie es meiner Güte gefällt und ihrer Not und ihrem Bedürfnis entspricht. Ist sie aber töricht, dann wird sie die Tröstung nur auf die eine Art suchen und gleichsam dem Heiligen Geist Vorschriften machen." (Dialog, Kap.68, 84-86).

Damit schadet die Seele sich selbst: „Sucht sie die Freude nur auf die ihre und nicht auf meine Weise, dann erfährt sie Leid und unerträgliche **Verwirrung**, sobald der Gegenstand der Freude sich ihr entzieht." Der Geist ist nicht in der Lage, ständig in seiner Beglückung zu verharren: „Vielfältig gewähre ich sie: Bald erfreue ich sie mit innerer Fröhlichkeit, bald schicke ich ihr Reue und Missfallen an der Sünde, so dass ihr Geist sich zu verwirren scheint; bald weile ich in der Seele, ohne dass sie es merkt, bald stelle ich ihr das Mensch gewordene Wort (Jesus, Anm.) in immer neuer Gestalt vor das Auge ihres Geistes, ohne dass sie scheinbar die Wärme und Beglückung empfindet; ...Oft auch wird sie nichts sehen und doch die allergrößte Freude empfinden. ...In lebendigem Glauben soll sie überzeugt sein, dass ich ihr alles so gewähre, wie sie es zu ihrem Heil bedarf oder wie es notwendig ist, um sie zur großen Vollkommenheit zu führen."

Wie weit ist eine solche Haltung, offen für Gottes Wirken und ständig auf seinen Willen horchend, von jeder engstirnigen Gesetzesfrömmigkeit entfernt, wie sie uns immer wieder begegnet! „Jetzt will ich dir die zweite Täuschung derer schildern", fährt der „Dialog" fort „die ihr ganzes Vergnügen darein setzen, den eigenen geistigen Trost zu suchen; ihrem Nächsten aber, den sie immer wieder in geistiger und zeitlicher Not antreffen, stehen sie nicht bei, sondern behaupten unter dem Vorwand der Tugend, sie verlören sonst den Frieden und die Seelenruhe und verrichteten ihr Stundengebet nicht zur rechten Zeit. Denn wenn sie dabei keinen Trost erfahren, glauben sie, mich zu beleidigen, werden aber *durch ihren privaten geistlichen Genuss getäuscht* und versündigen sich mehr, indem sie dem Nächsten in seiner Not nicht beistehen, als wenn sie ihre sämtlichen Tröstungen fahren ließen. Jede mündliche und innere Gebetsübung ist ja von mir angeordnet, damit die Seele zur vollkommenen Liebe zu mir und zum Nächsten gelange und darin verharre." *Angesichts eines bedürftigen Nächsten sind die Gebetsübungen hintanzustellen, auch im klösterlichen Alltag.* (Dialog, Kap.69, 86f).

Zuweilen wird die Versuchung groß, im Gebet nachzulassen, **Entmutigung** macht sich breit, und der „Feind" flüstert uns ein: „Das, was du tust, tut dir nicht gut. Du müsstest dein Gebet und die anderen Dinge mit einem reinen Herzen und einem ruhigen Geist und nicht mit so viel unreinen und herumschweifenden Gedanken verrichten; es ist also besser, du lässt es bleiben." Dadurch soll der Mensch geschwächt werden, da das Gebet das Mittel ist, das uns stärkt und „in Gott hinein verbindet". „Der Teufel hat nur ein Ziel: Er möchte, dass wir alles aufgeben. Denn wenn wir das Gebet allmählich unterlassen, kann er mit uns machen, was er will." (Brief 169A). Wenn wir uns hingegen nicht verwirren und entmutigen lassen, wird das Gebet unsere Tugenden erwecken und stärken. (LMaj, 446).

Über *Trockenheit und Trostsucht*, *Verwirrung* und *Entmutigung* hinaus vermag auch **mangelnde Dankbarkeit** das Gebet zu gefährden. „Undank aber lässt die Quelle der Frömmigkeit austrocknen. Und was zeigt mir Eure Undankbarkeit?" wagt Katharina drei italienischen Kardinälen (!) vorzuwerfen, „Die Verfolgung, die Ihr jetzt zusammen mit den anderen dieser Braut (der Kirche, Anm.) bereitet, in einer Zeit, wo Ihr doch wie ein Schild den Schlägen der Irrlehre und Spaltung widerstehen müsstet!"

Auch BeterInnen, die „vollkommene Tränen" weinen, sind vor Versuchungen keinesfalls gefeit, sie können besonders tief abstürzen! *Selbsterkenntnis in demütigerHaltung* muss immer wieder angestrebt werden; sie sind auf dieser Stufe ein ebenso entscheidendes Kriterium wie die ständige Koppelung der Gottesliebe an die Liebe zum Nächsten. Nur so ist ein Hineinwehen des „feinen Windes des **Selbstruhms**" zu verhindern. Überheblichkeit, ein Sichbesser-Fühlen als die anderen hätte den Sturz der Seele „von ihrer Höhe in die Tiefe" zur Folge. Und ein denkbar schlechtes, ja abstoßendes Beispiel für andere.

Die Bedeutung des Gebets mit all den damit verbundenen Versuchungen war auch in der Abschiedsrede Katharinas ein wichtiges Thema. So betonte sie kurz vor ihrem Tod nochmals, dass jedes Gebet seinen *Ursprung in der Demut* haben müsse, in Erinnerung an die Erkenntnis, dass der Mensch aus sich selbst nichts sei und nur Gott der wäre, der „ist". „Sie fügte hinzu, dass sie selbst mit großem Eifer und großer Sorge versucht habe, sich stets dem Gebet hinzugeben, um sich ganz in sein Wesen zu versenken, weil sie sehe, dass *vom Gebet alle Tugenden ihr Wachstum und ihre Kraft gewinnen, ohne Gebet aber schwach werden und schwinden.*" (LMaj, 312).

6. Die dritte Weise des Gebets: Das Gebet der Einigung in der Liebe als „Mutter des Gebetes"

Schließlich kommt Katharina noch auf das **Gebet der Einigung** als *dritte Weise des Gebetes* zu sprechen, als Ziel des mündlichen und inneren Betens. „... Indem nämlich Euer Geist und Verlangen über Euch selbst hinausgehoben werden zu einer Betrachtung Eurer Liebe zu Gott und Euch selbst... So erreicht und empfangt Ihr die *Frucht der Vereinigung*, wobei Ihr so sehr eins werdet (mit Gott), dass Ihr Euch nun nicht mehr durch Euch selbst seht, sondern durch Gott. Und ebenso seht Ihr Euren Nächsten durch Gott." (Brief 154). Hier kommt Katharina auch auf die „*verschiedenen Wohnungen*" „im Haus des ewigen Königs" zu sprechen (nach Joh 14,2); sie sollten zweihundert Jahre später bei der Karmelheiligen und Kirchenlehrerin *Teresa von Avila* noch sehr ausführlich und detailliert aufgegriffen werden. „Weißt du nicht, dass deine Seele meine Wohnung ist?" verheißt Gott Katharina, „Wohin du auch gehst, du wirst mit mir sein, weil ich mit dir bin." (Suppl, 123).

Auf was kommt es nun letztendlich an im Gebet? Nach Katharina ist neben dem „*liebenden Verlangen*" die *Ausrichtung auf die barmherzige Liebe und den Willen Gottes* maßgeblich.
Wir haben gesehen, dass es der Grad der Liebe ist, der den Wert des Gebetes bestimmt. *Ein Gebet ist umso wertvoller, je mehr es von sehnsüchtigem Verlangen nach Gott und dem Heil der Mitmenschen getragen und durchdrungen ist.*

So bezeichnet Katharina die **Liebe** als die „**Mutter des Gebetes**": „Je mehr die Seele sich bemüht, ihre Liebesbegierde von der Welt zu lösen und mit dem Licht der Vernunft an mich zu binden, desto tiefer erkennt sie. Wer aber *tiefer erkennt*, der *liebt auch tiefer, und inniger liebend verkostet er mehr.*" (Dialog, Kap.66, 83f).

Und er gelangt damit auf sicherem Weg zu einer vollkommeneren Stufe des Gebetes.

„Weißt du nicht, dass meine Seele deine Wohnung ist?"

Caterina von Siena:
REUEGEBET

V: O meine Seele, was tust du? Weißt du nicht, dass du beständig Gott vor Augen bist? Du weißt doch, vor seinem Auge kannst du dich niemals verbergen, weil ihm nichts entgeht. Wohl kannst du dich manchmal vor den Augen der Geschöpfe verstecken, aber nie vor denen des Schöpfers. Mach also Schluss mit deinen Sünden und wach endlich auf!
A: Ich habe gesündigt, Herr, erbarme dich meiner!

V: Es ist Zeit, um vom Schlaf aufzustehen. Du, ewige Dreieinigkeit, willst, dass wir erwachen; und wenn wir in Zeiten des Glücks nicht aufstehen, schickst du uns Unglück. Wie ein trefflicher Arzt brennst du mit der Glut der Heimsuchungen die Wunde aus, falls der Balsam der Tröstungen und des Glücks nichts nützt.
A: Ich habe gegen den Herrn gesündigt, erbarme dich meiner!

V: Meine elende, erbärmliche Seele, wie kannst du das Haupt gegen deinen Gott erheben? Ich möchte gern zur Hölle fahren, und sie wäre nicht zureichend ob meiner Erbärmlichkeit. Ich weiß nicht, was ich sagen soll, außer dass ich mich an deine Verheißung klammern möchte, du werdest mich dir gleichförmig machen.
A: Ich habe gegen den Herrn gesündigt, erbarme dich meiner!

V: Deine Natur ist es, Erbarmen zu üben, wie es dem Menschen von Natur aus eigen ist, zu lachen. Sag mir, *Maria Magdalena*, Apostelin, hast du, nachdem dir alle Sünden nachgelassen worden waren, deine Augen von jenem holden Jüngling abgewandt? Selig bist du, weil es wohl wahr ist, dass du den Blick seit damals niemals mehr abgewandt hast.
A: Ich habe gegen den Herrn gesündigt, erbarme dich meiner! Amen.

(Aus Caterina von Siena, Meditative Gebete, Verlag Einsiedeln, bearbeitet u. gestaltet durch: Irene Heise, **Geistliches Forum Katharina von Siena**, Wien)

Caterina von Siena:
DANKGEBET

V1: Alle großen Sünden und Verfehlungen, die ich mit mir schleppe, haben deine Weisheit, Güte und Huld und dein unendliches Gut nicht dazu gebracht, mich zu verachten. Vielmehr hast du mir in deinem Licht das Licht geschenkt. In deiner Huld fand ich die Liebe. Wer hat mich dazu gezwungen? Nicht meine Tugenden, sondern einzig und allein deine Liebe! An deine Pforte, o *Maria*, pochte die ewige Gottheit, und sie wäre nie eingetreten, hättest du sie ihr nicht geöffnet mit den Worten: „Siehe, ich bin die Magd des Herrn, mir geschehe, wie du gesagt hast!" (Lk 1,38)

V2: Stotternd und stammelnd bringe ich wie der Prophet *Jeremias* nur über meine Lippen: „Ach, mein Gott und Herr, ich kann doch nicht reden, ich bin ja noch so jung!" (Jer 1,6). Denn ich kann nichts anderes sagen, weil meine begrenzte Zungenfertigkeit den Überschwang meiner Seele nicht auszudrücken vermag, deren Sehnen nach dir ohne Grenzen ist.

V3: Mir kommt vor, dass ich mit dem heiligen *Paulus* sprechen könnte: „Die Zunge kann es nicht aussprechen, noch das Ohr es hören, noch das Auge es sehen, noch das Herz es erwägen" (1Kor 2,9), was er schaute: die Geheimnisse Gottes. Und ich, was sage ich? Ich füge hier diesen starken Eindrücken nichts hinzu. Nun danke ich dir, höchster und ewiger Vater, für deine unermessliche Güte, die du mir erwiesen hast, obwohl ich jeder Gnade unwürdig bin.

A: O grenzenlose Güte und unausdenkbare Liebe, wahrer Gott! Stellvertretend für alle sage ich dir Dank. Amen.

(Aus Caterina von Siena, Meditative Gebete, Verlag Einsiedeln, bearbeitet u. gestaltet durch: Irene Heise, **Geistliches Forum Katharina von Siena**, Wien)

Caterina von Siena:
LOBGEBET

V: O ewige *Wahrheit*, o Feuer und Abgrund der Liebe! Lob und Preis dir, der du ganz vernarrt bist in dein Geschöpf! O ewige Wahrheit, o ewiges Feuer, o ewige Weisheit, hingegeben, uns zu erlösen!

A: Lob und Preis sei dir, ewige Wahrheit.

V: Kam nur deine *Weisheit* in die Welt? Nein, denn die Weisheit war nicht ohne die Macht, und die Macht und die Weisheit nicht ohne die Milde.. Also bist du, ewige Weisheit, nicht allein gekommen, sondern die ganze Dreifaltigkeit war mit dabei.

A: Lob und Preis sei dir, ewige Weisheit.

V: O ewige *Dreieinigkeit*, du Liebesnarr, welchen Nutzen hattest du von unserer Erlösung? Du hattest keinen Nutzen, denn du brauchst uns nicht, weil du unser Gott bist. Wem kam deine Schöpfungstat dann zu Gute? Einzig und allein dem Menschen.

A: Lob und Preis sei dir, ewige Dreieinigkeit. Amen.

(Aus Caterina von Siena, Meditative Gebete,Verlag Einsiedeln, bearbeitet u. gestaltet durch: Irene Heise, **Geistliches Forum Katharina von Siena**, Wien)

Caterina von Siena:
HINGABEGEBET

V1: O hohe *Schönheit*, wie lange Zeit schon verborgen! Weil du mich in deiner Schönheit schautest, hast du dein Geschöpf, ganz in es verliebt, aus dir herausgezogen und es nach deinem Bild und Gleichnis erschaffen.

V2: O loderndes *Feuer*, das immer brennt! Im Feuer deiner Liebe habe ich dich erkannt. Du bist das Feuer, das ständig brennt und nicht verzehrt. Du bist das Feuer, das in seiner Hitze jede Eigenliebe verbrennt. Du bist die Glut, die alle Kälte wegnimmt.

V3: O heiligste *Dreifaltigkeit*, unergründliche Liebe! Wenn du mich Kind nennst, nenne ich dich höchster und ewiger Vater, eingeborener Sohn und Heiliger Geist. Wie du im Leib und Blut deines Sohnes dich mir schenkst, so habe auch ich Anteil am mystischen Leib deiner heiligen Kirche und am allumspannenden Leib der Christenheit.

V4: O ewige *Liebe* Gottes! O Liebe, Herr! Ich werde dich ganz und gar lieben. Du hältst mich an, dich zu schauen, hohe, ewige Gottheit, und willst, dass ich im Blick auf dich mich selbst erkenne, um meine Niedrigkeit durch deine Hoheit, und deine Größe und Schönheit durch meine Winzigkeit deutlicher zu erfassen.

V5: Du abgrundtiefes *Meer*! Sein Wasser ist in Ruhe und nicht aufgewühlt. Je mehr ich mich darin versenke, umso mehr finde ich von dir, und je mehr ich von dir finde, umso eifriger suche ich dich. Es nährt sich meine Seele in dir, du Meer des Friedens.

A: Möge ich mich dir, Herr, immer hingebungsvoller ergeben, du hohe Schönheit, loderndes Feuer, heiligste Dreifaltigkeit, ewige Liebe, abgrundtiefes Meer. Amen.

(Aus Caterina von Siena, Meditative Gebete,Verlag Einsiedeln, bearbeitet u. gestaltet durch: Irene Heise, **Geistliches Forum Katharina von Siena**, Wien)

Caterina von Siena:
FÜRBITTGEBET

V1: Wohin sich die Seele, die sich in dir erkennt, auch wendet, sie stößt selbst in den geringsten Wesen, in den vernunftbegabten Geschöpfen und in allen anderen geschaffenen Dingen, auf deine Größe, weil sie in allem deine Macht, Weisheit und Huld schaut. So darf ich zu dir rufen:

A: Macht des ewigen *Vaters*, hilf mir;
Weisheit des *Sohnes*, erleuchte das Auge meines Verstandes;
süße Huld des *Heiliges Geistes*, entflamme mein Herz und vereine es mit dir!

V2: Hab *Erbarmen*, ewiger Gott, mit deinen Schafen! Du bist ja der gute Hirte. Zögere nicht, barmherzig an der Welt zu handeln! Es sieht schon fast so aus, als ob sie nicht mehr weiter kann. Denn die Einigung der Liebe mit dir, ewige Wahrheit, und der Menschen untereinander ist ihr anscheinend ganz verloren gegangen. Sie lieben sich nicht gegenseitig mit der Liebe, die in dir verwurzelt ist.

V3: Jetzt ist die rechte Zeit, sich für die *Kirche* Christi, die wahre Mutter unseres Glaubens, abzumühen. Hilf uns, die Kirche zu stützen wie Säulen! Lass uns alle gemeinsam in diesem Garten des heilbringenden Glaubens mit der Glut des Gebetes und mit tatkräftigem Einsatz keine Mühe scheuen, damit wir die Eigenliebe und alle Trägheit verjagen und den Willen des ewigen Gottes vollbringen! Denn dazu hat er uns berufen, zu unserem Heil und dem der Mitmenschen sowie zur Einheit seiner Kirche, in der unsere Seelen Rettung finden.

V4: Ich bitte dich, gib mir, du Feuer und Abgrund der Liebe, unstillbaren Hunger danach, für dich Leiden zu ertragen. Mach meine Augen zu *Tränen*quellen, um damit dein Erbarmen über die ganze weite Welt und besonders für deine Braut, die Kirche, herabzurufen.

A: *Heiliger Geist*, komm in mein Herz! Ziehe es durch deine Macht an dich und gib mir Liebe mit Furcht!

Christus, schütze mich vor jedem bösen Gedanken und durchwärme mich mit deiner heiligen Liebe!

Mein heiliger *Vater* und süßer Herr, hilf mir bei meinem ganzen Tun!

Amen.

(Aus Caterina von Siena, Meditative Gebete, Verlag Einsiedeln, bearbeitet u. gestaltet durch: Irene Heise, **Geistliches Forum Katharina von Siena**, Wien)

„Löse die Rose aus den Dornen" – Empathie bei Katharina

1. Zeugnisse von Zeitgenossen über Katharinas Empathie

Katharinas Wirksamkeit, erwachsen aus glühender Gottesliebe und tiefer Empathie, ist aus ihrer Biographie zu erahnen: *„Wer könnte auch nur annähernd die Almosen angeben, die sie den Armen gab, die Dienste, die sie an den Kranken leistete, den Trost der Gottergebenheit und Zuversicht, mit dem sie die Sterbenden tröstete und erquickte? Wer könnte ferner aufzählen, wie oft sie den Gefallenen neuen Mut gab, die Sünder bekehrte, die Gerechten stärkte, den Bösen den rechten Weg wies und alle, die zu ihr kamen (auch jene, die ihr feindlich gesonnen waren!, Anm.), liebevoll aufnahm?... Und wer könnte die Ströme von Tränen ahnen, die Seufzer aus tiefstem Herzen, die Inständigkeit ihrer Gebete und die innigen Klagen, womit sie sich Tag und Nacht ohne Unterlass vor ihrem Bräutigam (Jesus Christus, Anm.) mit unfassbarer Anstrengung bemühte, jedem einzelnen ein heilbringendes Ende zu erwirken?"* (LMaj, 47)

Wie konnte Katharina ihre Zeitgenossen so beeindrucken? Was war ihr „Rezept"?

Katharina begnügt sich nicht mit bittenden und mahnenden Worten, sie begnügt sich nicht einmal mit stunden-, ja tagelangem Gebet und Nachtwachen; ihr körperlicher Einsatz geht ständig über die Kräfte einer zierlichen und von täglichem Fasten geschwächten, jungen Frau hinaus. Es spielt keine Rolle, dass Katharina der Begriff **„Empathie"** noch unbekannt war; dieses Faktum ist in unseren Überlegungen vernachlässigbar. Ihr **„Mitleid"** (in ihren Schriften mit dem italienischen Wort *„compassione"* ausgedrückt) übersteigt vielmehr all unsere Vorstellungen von Empathie, wie bald zu sehen sein wird.

Die Appelle Katharinas an die (geistlichen) Adressaten ihrer Briefe, sich um das Heil der ihnen Anvertrauten zu sorgen in erbarmender Liebe und Empathie, sind kaum zu zählen. Unermüdlich bittet, ja fordert sie von ihren Ansprechpartnern, sich der Wohltaten Gottes zu erinnern und ihr ganzes Streben hinzuordnen und auszurichten auf das Lob und die Ehre Gottes einerseits, zugleich aber immer auch auf das *„Heil der Seelen"* bedacht zu sein, und das mit allen Kräften; ja, wenn nötig, mit Einsatz der Gesundheit und des eigenen Lebens. *„Wenn Katharina in sehnsüchtiger Liebe darum bittet, die Sünde der Welt und der Kirche tiefer erkennen zu dürfen, dann um in der Liebe und im* Mitleid *zu wachsen."* (Dialog, XXIV).

So trifft es auf Katharina zu, wie sie Gott in ihrem Buch „Dialog von der göttlichen Vorsehung" sprechen lässt: *„Wenn dann die Seele wächst,... zieht sie in feuriger Liebe eine Erkenntnis meiner Güte und beginnt,* ihren Willen mit dem meinen zu einigen und aus-zugestalten *und entsprechend Freude und* Mitleid *zu empfinden: Freude in sich über die Wirkung der Liebe,* Mitleid mit dem Nächsten." Das vermag so weit zu gehen, dass der Mensch hinter der empathischen Zuwendung zum Nächsten allmählich seinen eigenen Schmerz vergisst und nur mehr trauert „... *über meine Beleidigung und den Schaden des Mitmenschen, nicht mehr über eigenes Leid oder eigenen Schaden."* (Dialog, 109).

Auffällt bei Katharina, dass sie ihre empathische Zuwendung nicht „nur" auf jene beschränkt, die ihr begegnen, auf Kranke und Schwache. Sie empfindet auch „Mitleid" gegenüber Sündern und Besessenen; ja, die Empathie der Mystikerin reicht über alles Vorstellbare hinaus, bis hin zu Schwerverbrechern, Mördern. So begleitet sie *Niccolo di Toldo*, einen solchen, zum Tode Verurteilten, der zum Schafott geführt wird, erfleht seine Bekehrung und bleibt bei ihm bis zu seinem Ende, ja bis sein Haupt in ihre Hände fällt und sie seinen Heimgang zu Gott „schauen" darf. Doch vorerst ist es ihr eigenes Haupt, das sie mitfühlend auf den Block legt - Empathie in höchster Vollendung! Sie selbst hat Raimund von Capua in einem Brief ausführlich davon berichtet (Brief 273)*:*

„Ich habe den besucht, den Ihr kennt (Niccolo die Toldo im Kerker, Anm.), *und darüber war er so gestärkt und getröstet, dass er seine*

Sünden beichtete und dadurch sehr gut vorbereitet war. Um der Liebe Gottes willen sollte ich versprechen, ihm im Augenblick der Hinrichtung beizustehen. Ich versprach es und hielt es auch so.

Am Morgen, noch vor dem Glockenläuten, ging ich zu ihm, wodurch er sehr getröstet wurde. Ich führte ihn zur Messe, und er empfing - erstmals wieder nach langer Zeit - die heilige Kommunion. Nun war sein Wille dem göttlichen Willen ganz ergeben und untertan. Nur die eine Furcht war ihm geblieben: Dass er im letzten Augenblick schwach werden könnte... Er sprach: ‚Bleibe bei mir und verlass mich nicht. Dann wird alles gut und ich werde zufrieden sterben... Da sagte ich: ‚Sei stark, mein lieber Bruder, denn bald werden wir zur Hochzeit gehen" (zum himmlischen Hochzeitsmahl, ins Reich Gottes, Anm.). Ich warte auf dich auf dem Richtplatz..

Ich erwartete ihn also am Richtplatz und verweilte dort unter ständigem Gebet. Noch bevor er ankam, kniete ich mich nieder und legte meinen Hals auf den Block... Darauf erhob ich mich und sagte in leisem Flehen: ‚Maria!'. Und ich bat sie um die Gnade, dass sie ihm im letzten Augenblick Licht und Herzensfrieden geben und ihn dann an sein Ziel führen möge. Die süße Verheißung, die mir zu Teil wurde, erfüllte mein Herz so sehr, dass ich keinen Menschen mehr wahrnahm, obwohl eine große Volksmenge dort versammelt war.

Dann kam er wie er wie ein sanftes Lamm, und als er mich erblickte, begann er zu lächeln, und er bat mich, ihm das Kreuzzeichen zu machen... Mit großer Sanftmut kniete er nieder, ich entblößte ihm den Hals (auf dem Block), beugte mich zu ihm und erinnerte ihn an das Blut des Lammes (Jesu Christi Blut, Anm.). Sein Mund sagte nichts als: ‚Jesus!' und ‚Katharina!', und bei diesen Worten empfing ich sein Haupt in meinen Händen...

Da wurde mir der Gottmensch sichtbar (Jesus Christus, Anm.), strahlend wie das Licht der Sonne... Und nachdem er sein Blut und seine Sehnsucht aufgenommen hatte, empfing er auch seine Seele und nahm sie hinein... in die Schatzkammer seiner Barmherzigkeit... So also wurde er von Gott in Empfang genommen..., und die Hände des Heiligen Geistes schlossen ihn dort ein." (Gekürzt)

2. Geistliche Mutterschaft

Als Katharina einmal für die SünderInnen betet, sieht sie in einer Vision auf einer Seite die „Kinder des Lichtes", die sie *wie eine Mutter* vor Gott hinbringt, auf der anderen Seite „... die Schar der Sünder, die mir das Herz zerreißen oder aus meiner Brust reißen, und ich weine vor Mitleid, denn ich bin eine von ihnen". Und sie fügte hinzu: „Herr, du gibst mir die Milch der Bitternis, das Mitleid mit den Sündern, aber auch die süße Milch deines Trostes. So wie du in deinem Leben zwei Kreuze getragen hast, so auch ich: das Kreuz meines Leibes und das Kreuz des Nächsten." (Suppl, 64)

Überaus liebenswürdig vermag Katharina ihre „verirrten Schafe" zur Umkehr zu bewegen, wie ein berührendes Schreiben an einen Freund ihres Sekretärs zeigt: „Liebster und mehr als liebster Sohn in Christus Jesus! Ich sehne mich danach, Dich wieder zu finden, kleines, verirrtes Schaf!... Deine arme Mutter geht aus, Dich zu suchen, nach Dir zu schicken; denn ich will Dich auf die Schultern meiner Sorge und meines Erbarmens mit Deiner Seele nehmen. Öffne die Augen Deiner Seele, liebster Sohn!... Tröste meine Seele und sei nicht so grausam... Lass Dich nicht vom Teufel mit Furcht oder Scham in die Irre führen. Schlag diesen Knoten durch! Komm, komm, liebster Sohn! Ich darf das sagen, denn Du hast mich viel Tränen und Schweiß und bitteren Kummer gekostet." (Schl, 46)

„Geistliche Mutterschaft" bedeutet also bei Katharina, andere auf ihrem Weg zu Gott empathisch zu begleiten, sie zu stützen, ja das Verlangen, ihr Versagen selbst auszugleichen.
Katharinas schier grenzenlose Empathie ist dabei genährt durch ihre **Überzeugung, dass es ihre eigenen Sünden wären, die Schuld trügen an den Sünden ihrer Mitmenschen.** Sie **schreibt das Versagen anderer**, vor allem jener, mit denen sie direkten Kontakt hat, **sich selbst, ihrer eigenen Unvollkommenheit zu.** Das geht so weit, dass Raimund von Capua an sich halten muss, um keine Einwände zu erheben: *„Wollte ich doch lieber schweigen, statt noch irgend etwas gegenüber einer so vortrefflichen Lehrerin der Tugenden einzuwenden... Die Hoffnung gab ihr Kraft, dass die so*

zahlreichen und so großen Sünden anderer sie nicht abhalten konnten, voll Vertrauen sich aufzumachen, die Barmherzigkeit sowohl für sich, als auch für andere anzuflehen. Damit verbunden war die völlige Zerknirschung über die Sünden und die Abbitte mit Tränen des Herzens und der Augen, ein glühender Eifer für die Seelen und eine Sorge um das Heil aller, die nicht genug gepriesen werden kann." (LMaj, 46)

Unzählige Male weist Katharina ihre Mitmenschen, auch (und besonders) die Amtsträger der Kirche, darauf hin, mit den anderen „Mitleid" zu haben, auf die Mühen und Beschwerden der Mitmenschen zu achten und darauf zu hören: *„Vor allem, was jene betrifft,* **die in der gleichen Liebe miteinander verbunden** *sind."* Wobei sie in aller Klarheit die weit verbreitete Versuchung - in unseren Tagen vielleicht mehr denn je! - anspricht, sich lieber zuerst um die Fernen, anonym zu Versorgenden, zu kümmern, sich „freizukaufen" von Empathie, als um die eigene Familie oder Ordensfamilie, bei der es um echte Empathie geht! *„Die eigenen Kinder zuerst!"*, würde man heute sagen. „Wenn Ihr nicht so handeln würdet, wäre das ein ganz großer Fehler!"(Brief 77).

3. Empathie als „Seele der Nächstenliebe"

Befasst man sich eingehend mit Katharinas Schriften, stellt man also fest, dass bei ihr ein *sehr enger Zusammenhang* besteht *zwischen Empathie und der Liebe zum Nächsten.*

In ihren Briefen fordert Katharina deshalb unermüdlich Empathie ein! „Gib acht, meine liebste Tochter und Schwester!", leitet sie in einem ihrer Schreiben an eine Ordensschwester zum Thema über, „... Wir sollen betrübt sein wegen des Mitleids mit dem Nächsten..., indem wir unsere egoistische Sinnlichkeit abtöten." (Brief 65). Es genügt nicht, sich ein wenig in die anderen hineinzudenken; **Empathie erfordert echte „Betrübnis", sie soll den ganzen Menschen erfassen, ihn im Innersten berühren und ihn über sich selbst, sein Ego, seine Sinnlichkeit emporheben.** „Vielmehr sollst du ihn (den Nächsten, Anm.) mitleidsvoll lieben und seine Fehler geduldig ertragen." (Brief 50). „Fürchte Gott und diene ihm selbstlos, und dann kümmere dich nicht darum, was die Leute sagen, sondern habe Mitleid mit ihnen."

Katharina will von ihrem ehemaligen Schüler und späteren Bio-graphen *Tommaso Caffarini* (damals hatte sie die soeben erfolgte Kirchenspaltung im Blick) , „... dass Ihr euch *bekümmert* wegen der Beleidigung Gottes und des Schadens, der den Seelen zugefügt wird. Ich möchte, dass dieser süße Schmerz in Eurem Geist immer größer wird. Süß ist er, wie er hervorgeht aus dem Zauber der göttlichen Liebe und die Seele nicht betrübt, sondern stärkt. In diesem Mitleiden kann die Seele vor dem Angesicht Gottes stehen in demütigem, beharrlichem und vertrauensvollem Gebet." (Brief 325). Katharina fordert keine billige Entrüstung über die Spaltung der Kirche; sie hat vor allem die „Beleidigung Gottes", ja *„Mitleid" mit Gott selbst*, im Blick. Es ist ein „süßes" Mitleiden, das *zum Gebet drängt*.

„Recht hast du, zu seufzen", spricht Gott zu Katharina in ihrem Buch, „und ich will, dass ihr (,du und meine anderen Knechte') *über das mir angetane Unrecht unaufhörlich Bitternis empfindet* und mit der Torheit und dem Verderben jener, die mich beleidigen, Mitleid verspürt". (Dialog, 39). Gott will von uns, dass *unsere Empathie auch jene umfasst, die Gott selbst beleidigt haben*, oft aus „Torheit" (wenn auch „Bitternis" mit im Spiel ist!).

Die Kirchenlehrerin weiß freilich selbst, dass das alles andere als leicht ist! Doch sie durchschaut auch, **worin fehlende Empathie wurzelt: in einem Mangel an Tugenden.** So sagt sie einem Augustinermönch in einem Brief auf den Kopf zu: „Gewiss, Ihr liebt nicht die Tugend, da sie bei Euch nicht vorhanden ist... Sonst würdet Ihr ihnen (den Nächsten, Anm.) gegenüber *echtes Mitleid entstehen lassen* mit Tränen und Seufzern und beharrlichem Gebet vor dem Angesicht Gottes." (Brief 292). Was hier besonders auffällt, ist die *Zumutung*, echtes Mitleid entstehen zu „*lassen*"! Empathie ist also auch bei Katharina nicht nur eine Art Gefühl, das einem veranlagungsbedingt gegeben ist oder nicht. **Empathie entspringt einem Willensakt, ist im Rahmen eines Bemühens um echte**

Tugendhaftigkeit bewusst einzuüben. Niemand kann sich also darauf ausreden, für Empathie „kein Talent" zu haben!

Mehr noch, Empathie ist *unabdingbar, dass unsere* **Sehnsucht nach Gott und dem Heil unserer Nächsten wachsen** *kann*! „Durch diese Unterordnung unter den Willen Gottes wird dann in uns ein unendliches *Verlangen nach der Ehre Gottes und dem Heil der Seelen* entstehen... Denn der *einzige Weg*, wie wir uns äußern oder unseren Nächsten maßvoll beurteilen können, ist unser Mitleid." (Brief 65). **Empathie ist notwendig zur richtigen Einschätzung unserer Mitmenschen** um sie *richtig einschätzen* zu können, In ihrer von Gott gegebenen, persönlichen *Individualität, in ihren Schwächen und Unfähigkeiten, allen Vorschriften gemäß zu leben und zu handeln(!!)*!

Ohne Empathie gibt es an Statt „maßvoller" Beurteilung nur starre, harte Gesetzesfrömmigkeit. Empathie ist nötig, um nicht alle unsere Nächsten über einen Kamm zu scheren, sondern *Erbarmen und Barmherzigkeit* walten zu lassen, auch (und besonders) in der Kirche. So ist es Katharina ein besonderes Anliegen, vor allem von höheren Amtsträgern und Vorgesetzten in Klöstern Empathie einzufordern.

4. Empathie und Stellvertretung

Folgerichtig stellt Katharina auch einen untrennbaren Zusammenhang her zwischen Empathie und Stellvertretung, **stellvertretender Sühne.**

Hier ist es Zeit, Katharinas Biographen, ihren Beichtvater Raimund von Capua ausführlich zu Wort kommen zu lassen: Er schildert - als ehemaliger Zeuge - in seiner Lebensgeschichte Katharinas, der „Legenda Major", wie Katharina stellvertretend das Sühneleiden für ihren sterbenden Vater Giacomo auf sich nimmt (33 Jahre für Christus, S. 280-283): Als sie erkennt, dass die Seele des Vaters *„noch nicht vollständig gereinigt"* gewesen ist, *„streitet"* sie mit Gott darum, die noch ausstehende Sühne für die noch nicht gebüßten Sünden Giacomos auf sich nehmen zu dürfen, was ihr in Form von

„Leibschmerzen" gewährt wird. Giacomo wird durch diese stellvertretende Sühneleistung Katharinas das „Fegefeuer" erspart und er darf nach seinem Tod sofort in die Herrlichkeit Gottes eingehen. (Es soll hier nur beiläufig erwähnt sein, dass der Begriff Fege"feuer" in den letzten Jahrhunderten eine Wandlung erfahren hat in Richtung eines „Zustands" der Läuterung, bevor die Seele des Verstorbenen die Herrlichkeit Gottes überhaupt zu schauen vermag!).

„Unterdessen erfüllten sich für Giacomo die Tage des vergänglichen Lebens, und er wurde durch ein schweres Leiden des Leibes auf das Krankenlager geworfen. Als die Tochter dies erfuhr, suchte sie sogleich im Gebet ihre gewohnte Zuflucht und bat ihren Bräutigam (Jesus Christus, Anm.) um die Rettung des Vaters. Ihr Gebet erhielt die Antwort, dass für Giacomo das Ende des irdischen Lebens gekommen sei und es für ihn nicht von Nutzen wäre, es noch länger hinauszuschieben.

Als sie hierauf persönlich ihren Vater aufsuchte, um die Bereitschaft seines Herzens zu prüfen, fand sie ihn zum Sterben bereit und ohne den Wunsch, noch länger an diesem Leben festhalten zu wollen; dafür dankte sie ihrem Erlöser aus tiefstem Herzen.

Aber damit noch nicht zufrieden, sammelte sie ihren Geist und richtete eine weitere Bitte an den Herrn: Da er ihrem Vater und Ernährer eine so große Gnade gewährt habe, dass er gern und ohne Schuld aus diesem leben scheide, möge er, der Quell aller Gnaden, in seiner Güte noch die weitere Gnade hinzufügen, dass er ohne die Leiden des Fegefeuers zur Herrlichkeit eingehen dürfe. Darauf wurde ihr geantwortet,... es sei nicht möglich, dass eine noch nicht vollständig gereinigte Seele den Glanz einer solchen Herrlichkeit in Besitz nehme...

Katharina erwiderte: ‚Mein innigst geliebter Herr, wie werde ich es ertragen können, dass die Seele dessen, der mich nach deinem Willen gezeugt, gewissenhaft großgezogen und unterrichtet und mir in seinem Leben so viel Tröstliches erwiesen hat, von jenen grausamen Flammen gepeinigt wird? Bei deiner ganzen Güte beschwöre ich dich und flehe dich an: Lass jene Seele nicht den Leib verlassen, wenn sie nicht auf diese oder jene Weise so vollständig gereinigt ist, dass sie des Fegefeuers nicht mehr bedarf!'

Welch ein Wunder! Der Herr und Gott gehorchte gewissermaßen dem Wort und Wunsch eines Menschen! Die Körperkräfte Giacomos waren völlig geschwunden, und doch verließ die Seele den Leib nicht, so lange nicht der heilige und fromme Streit beendet war, der lange hin- und herwogte (zwischen Gott und Katharina, Anm.)... Schließlich sagte Katharina nach weiterem Drängen: ‚Wenn diese Gnade nicht gewährt werden kann..., bin ich bereit, für meinen Vater jede Strafe zu erdulden, die deine Güte beschließt... Es geschehe, wie du befiehlst.'

Hierauf begab sie sich an das Bett ihres Vaters, der im Sterben lag. Sie sprach ihm Mut zu und erfüllte ihn mit wundersamer Freude... Sie wich nicht mehr von ihm, bis sie sah, dass seine Seele für immer diese Welt verlassen hatte.

Was soll ich noch mehr sagen? In der gleichen Stunde, in der seine Seele den Leib verließ, wurde Katharina von Leibschmerzen erfasst, die bis zum Ende ihres Lebens nicht mehr nachließen. Es gab seither keinen Augenblick, in dem sie diese Schmerzen nicht mehr oder weniger spürte, wie sie selbst und die Frauen aus ihrer Umgebung mir oftmals bezeugten und wie ich und andere, die mit ihr Umgang hatten, es auch oftmals gesehen haben. Noch größer als ihre Schmerzen aber war ihre Geduld... Dies alles hat mir Katharina unter dem Siegel der Verschwiegenheit erzählt, als ich sie einmal voll Mitleid mit ihren Schmerzen nach deren Ursachen fragte...

Während die anderen weinten, konnte sie in der ganzen Zeit der Begräbnisfeierlichkeiten ihre Freude und Glückseligkeit nicht verbergen. Als ob sie der Tod ihres Vaters nicht berühre, sprach sie der Mutter und den anderen Trost zu. Sie hatte ja gesehen, dass die Seele, als sie das Dunkel des Leibes verließ, sogleich in das ewige Licht einging. “ (Gekürzt)

Katharina hat die Frucht liebender Empathie in größtmöglicher Vollkommenheit vorgelebt: stellvertretende Sühne bis zur Selbsthingabe. Und so verlangt sie dies auch unermüdlich in ihren Briefen, ganz besonders von Amtsträgern und Ordensleuten. So fasst sie in einem Schreiben in Anlehnung an den Römerbrief treffend zusammen: „*Wir weinen mit den Weinenden und werden schwach mit den Schwachen, weil wir die Schuld der anderen als unsere eigene ansehen. Wir freuen uns mit den Fröhlichen* (Röm 12,15) *und machen unser Herz für den Nächsten weit, so dass wir über das Wohl, den Frieden und Trost der anderen glücklicher sind als über unseren eigenen."* (Brief 263).

Wir haben bereits zuvor gesehen, dass Katharinas Empathie SünderInnen gegenüber auf der festen Überzeugung beruht, dass ihre eigenen Fehler (Mit-)Schuld trügen an den Vergehen der anderen, und die auch vor jenen nicht Halt macht, die sich schwer gegen Gott und die Nächsten versündigt haben. Die Frage drängt sich auf: Wie ist ihr das möglich, „**Mitleid**" mit (schweren) Sündern zu haben?

Hier kommt ein weiterer Begriff ins Spiel: Die **Gabe der Unterscheidung**! Katharina als Meisterin der klugen *Unterscheidung, durchdrungen vom Geist Gottes,* vermag zu differenzieren zwischen der Person des Menschen als Ebenbild Gottes, wie er von Gott ursprünglich geschaffen wurde, ohne jeden Makel, ohne die Sünde, die dieses Ebenbild verunstaltet hat. Klar kommt diese Unterscheidung in einer Passage ihres Buches zur Sprache: In einer Vision vergleicht Gott die Sünden des Mitmenschen mit den Dornen einer Rose und spricht zu ihr: *„Und selbst wenn du offenbaren Sünden und Fehlern begegnest,* **so löse die Rose aus den Dornen, indem du mir jene Fehler in heiligem Mitleid darbringst."** (Dialog, 128). Dieses „Darbringen in heiligem Mitleid" heißt nichts anderes als **Stellvertretung in Empathie**! Es gilt also, umgekehrt ausgedrückt, das Gute im Mitmenschen (der „Rose") als Ebenbild Gottes erspüren, seine Fehler und Mängel (die „Dornen", die uns oft nerven oder gar Leid verursachen) im Gebet vor Gott hin zu tragen, mitzutragen an der Schuld des andern in stellvertretender Sühne.

5. Empathie und Kirche

Katharinas Empathie mit der Kirche und den Amtsträgern findet ihre Vollendung in Rom, wo sie, an der Seite des Papstes um die Wiederherstellung der Einheit in der Kirche kämpfend, ihre letzten Jahre verbringt.

Schließlich verschlechtert sich Katharinas Gesundheitszustand immer mehr. Trotzdem schleppt sie sich noch jeden Morgen nach St.Peter, um dort den ganzen Tag betend zu verbringen, und zwar besonders vor dem Mosaik von *Giotto, „La Navicella"*, das die Kirche als Schiff darstellt. (Schl, 120). Vor diesem Bild erlebt sie wieder eine Vision: Das Schiff nimmt Gestalt an und entwickelt sich zu voller Größe. Plötzlich wird es, wie von unsichtbarer Hand, in die Höhe gehoben und Katharina auf die Schultern gelegt. Unter dem Gewicht bricht Katharina zusammen. Man hilft ihr auf und bringt sie nach Hause zurück, wo sie das Bewusstsein verliert. Als sie wieder zu sich kommt, wissen alle, dass ihre letzten Tage angebrochen sind. Dieses vollkommene Mitleiden Katharinas mit Kirche und Papst ungeachtet ihres nahenden Todes und ungeachtet einer zunehmenden, schmerzlichen Erkenntnis, die Kirchenspaltung nicht mehr tatkräftig verhindern zu können, bedeutet vollkommene Empathie mit der Kirche: Empathie bis zum letzten Atemzug.

So wirbt Katharina auch in ihren vielen Briefen an die **Hirten der Kirche und die Ordensleute** immer wieder und unermüdlich um **stellvertretende Sühne in tätigem „Mitleid"**! Dabei spart sie auch nicht mit Kritik, sie könne sich des Eindrucks nicht erwehren, dass viele ihrer AdressatInnen Empathie vermissen lassen. So beklagt sie, dass jene ihren Untergebenen *„... ohne zu unterscheiden Lasten auflegen und Befehle geben, egal ob es sich dabei um Weltleute (wie Katharina die „Laien" nennt), Geistliche oder wen auch immer handelt. Wenn sie zurechtweisen oder einen Rat geben, so geschieht es ohne Unterscheidung... Ganz anders dagegen handeln jene, die besonnen sind, die mit Unterscheidungskraft einsehen, was ihnen zukommt und was den anderen Not tut. "* (Brief 213).

Noch kritischer sieht es Katharina, wenn es manche Amtsträger nicht „nur" an kluger Unterscheidung fehlen lassen, sondern sich erst gar nicht um Empathie bemühen: *„Sie wollen, dass sie (die Gläubigen, Anm.) in ihrem Sinn handeln; und wenn sie es nicht tun, regen sie sich über sie auf - und unter dem Schein der Anteilnahme beginnen sie damit, sie zu kritisieren. Dabei merken sie gar nicht, dass sie dadurch das Gesetz des Heiligen Geistes beiseite geschoben haben. "* (Brief 39). Nach Katharina gilt es auch für Amtsträger (und für diese umso mehr), die Schwächen der anderen „*voll Mitleid vor Gott hinzutragen*". **Empathie schafft Raum für das Wirken des Geistes Gottes;** **ihn soll der Amtsträger verkünden; für Gott, seine unendlich liebende Güte und Barmherzigkeit jedem einzelnen Individuum gegenüber soll der Hirte der Kirche ein lebendiges Zeugnis ablegen.**

Dabei will Katharina die Amtsträger nicht wehleidig sehen. Sogar ihr Beichtvater und späterer Biograph Raimund wird zurecht gewiesen: „*Legt ab jede Verzärtelung gegen Euch selbst und jede sklavische Furcht! Denn nicht solcher Menschen bedarf die Kirche, sondern sie braucht welche, die streng sind mit sich selbst, mit ihr aber Mitleid haben.*" (Brief 185). Echte Empathie verträgt keine ängstliche Enge und keine Empfindlichkeit; sie vermag in dem Maß zu wachsen, in dem ein stetes Bemühen um die **rechte Selbsterkenntnis** erfolgt: „*Daher bitte ich dich, dich und mich und alle Diener Gottes: Bemühen wir uns um vollkommene Selbsterkenntnis, damit wir noch mehr Gottes Güte wahrnehmen. In diesem Licht urteilen wir dann nicht mehr über den Nächsten, sondern empfinden wahres Mitleid mit ihm.*"
Mehr noch geschieht: In Empathie für den anderen stellvertretend betend vor Gott, vermögen wir selbst „mitleidend spüren", dass **die „Wolke"** (der Schuld, Anm.) **aus der Seele des Nächsten „vertrieben" wird.** (Brief 194).

„*Nicht einmal, wenn wir um einen Fehler wüssten, sollten wir über die Absicht urteilen, sondern wir sollten ihn mit großem Mitleid vor Gott bringen.*" (Brief 328). Sogar im (scheinbaren) Fehler des Nächsten ist **Gottes Zulassung** zu orten, zu respektieren und jedes Urteil zu vermeiden.
Der scheinbar „gute", „bessere" Christ verdankt sein Gutsein (wie auch seine Fähigkeit zum Gutsein überhaupt!) der Gnade Gottes, nicht eigenen Verdiensten. Deshalb ist jedes Verurteilen von gescheiterten Mitchristen strikt abzulehnen.

Es ist **Respekt** gefordert vor den Wegen Gottes, vor seinem **Heilswillen**, vor seiner **Vorsehung** - auch seitens des Amtsträgers, ja auch des Papstes. Es ist ein Respekt, der sich in Empathie ausdrückt, die Halt macht vor dem individuellen Heilsweg des einzelnen und der Zulassung Gottes.

Und gefordert ist auch ein **weites Herz** in der Überzeugung, dass Gott unendlich gütiger, weiser und barmherziger ist, als es sich der Mensch auszumalen vermag. „Und nicht das Gute allein, sondern **auch das offensichtlich Sündige richtet er nicht, vielmehr fasst er ein heiliges und wahres Mitleid...**" (Dialog, 127f).
Was bedeutet das für uns praktisch? **Gott ist „der Empathische" schlechthin!** Bei ihm gibt es keinen pastoralen „Einheitsbrei", wie Menschen zu „behandeln" wären. Und so möchte er neben dem ständigen Bemühen um die rechte Selbsterkenntnis auch bei uns, Laien wie geistlichen Standes, Empathie sehen, die sich in **pastoraler Weite, Großzügigkeit und liebender Toleranz den Gläubigen gegenüber** ausdrückt, sowie mehr **Vertrauen in seinen Heilswillen und seine weise Vorsehung**.

Wenn unsere Empathie auch in erster Linie den „Allernächsten" zu Teil werden soll, so muss sie doch *allen* gelten, auch den „lebendigen Gliedern" innerhalb des geheimnisvollen Leibes der Heiligen Kirche. Wie sehr bedarf die Kirche auch heute noch unseres Mitgefühls - mit all ihren Schwächen, Versäumnissen und Fehlern ihrer Glieder!

6. Empathie in Jesus Christus und Stigmatisierung

Stellvertretende Empathie, vor allem wenn sie Sündern gilt, ist undenkbar ohne Liebe zu Gott. Empathie den Mitmenschen gegenüber bewirkt **Empathie in Gott in Jesus Christus**, vor allem im Blick auf das Leiden Jesu, dem Brennpunkt der Liebe Gottes zu uns Menschen. Beide, Empathie Gott und stellvertretende Empathie den Menschen gegenüber, stehen in Wechselwirkung zueinander. So kann über Katharina gesagt werden: *„Er hebt die Liebende in die umfassende Schau seines Allerbarmens, indem er sie gleichzeitig tiefer einsenkt in Christi stellvertretendes Leiden. Er schenkt Trost und Tränen, Freude und Angst, Licht und Nacht zugleich." Zugleich werden gewährt - auch hier in Anlehnung an Röm 12,15 - „Tränen* *der Liebe über Meine göttliche Barmherzigkeit und des Schmerzes über die Sünde des Nächsten. Und so weint die Seele mit den Weinenden und ist froh mit den Fröhlichen."* (Dialog, XXII.).

Katharina ermöglicht durch ihre fortdauernde, ja sich ständig *noch* mehr vertiefende Hingabe die größtmögliche empathische Vereinigung mit Christus: den Empfang der **Wundmale** am Palmsonntag, dem 1.April 1375 in Pisa. Wie sich dieser wunderbaren, in einer für uns kaum vorstellbaren, *empathischen Selbstaufgabe* für Gott und die Mitmenschen gründenden Begebenheit annähern?

Einen klaren Bezug versucht *Caffarini*, zweiter Biograph und ehemaliger Schüler Katharinas, herzustellen: *Stigmatisierung* bedeutet nicht zuletzt ein *existentielles Ähnlich-Werden dem leidenden und verklärten Erlöser*, so dass *im mitleidenden Einfühlen in das Leiden Christi auch dessen Ganzhingabe an den sündigen Mitmenschen in größtmöglicher Intensität und besonderer Stärke mit übernommen* wird. So spricht Caffarini von einem „Christusgleichen Aussehen, das sich einzigartig dem Stigmatisierten angleicht", einer „wundersamen Anpassung an Christus", dem „aktiv wie passiv erfahrbaren, besonderen Hervortreten der göttlichen Liebe zu ihm". (Suppl 225).

In einer ausführlichen Untersuchung unterzieht Caffarini unter anderen auch die Stigmatisierung des *Franz von Assisi* einer näheren Betrachtung und kommt dabei zu dem Schluss, es genüge nicht, sich gedanklich in das Leiden Christi hineinzuversetzen. Vielmehr müsse dieses „auch *in seinem Herzen"* gefühlt werden, „das heißt, *in mitleidendem Gedenken an die Wunden Christi und in glühendem Verlangen, in seinem Leib Wunden um Christi willen zu empfangen."* (Suppl, 225). Und Caffarini zitiert seinen Mitbruder *Jacobus de Voragine OP*, der mehrere Ursachen ortet, die zur Stigmatisierung führen können, vor allem jedoch „die tiefe bildhafte Vorstellung, die tiefe Liebe, das tiefe Staunen, das tiefe Nachdenken, das tiefe Mitleiden". (Suppl, 218).

Zusammenfassend können wir sagen: Leben und Streben Katharinas lassen nichts anderes erkennen als das Mitleiden mit dem Nächsten

und ihre Liebe zu ihm. Freilich entzieht sich eine solch vollkommene Empathie jeder natürlichen Erklärung! Es ist Christus
selbst, der Katharina in einer Vision *„blutüberströmt, so wie er mit*
seinem eigenen Blut ins Allerheiligste eingetreten" ist, erscheint:
„Meine Tochter Katharina, siehst du, wie viel ich für dich gelitten
habe? So soll es auch dir nicht zu schwer sein, für mich Leiden zu
ertragen." Es geht also um **die größtmögliche Angleichung an**
Christus in seinem stellvertretenden Erlöserleiden. Und somit um
Empathie in Gott in Jesus Christus. (LMaj, 155f).

Der wahrhaft Empathische empfindet das Leiden des anderen als
sein eigenes Leiden, was bis zur realen Verwirklichung am eigenen
Leib führen kann. Im seltenen Fall auch zum Empfang der
Wundmale Christi.

„Geistliches Forum
Katharina von Siena",

Eröffnung und Segnung
Standort
1160 Wien, Paulinensteig 31/Haus2

am 13.Oktober 2012

www.caterina-von-siena.de

Caterina von Siena:
EMPATHIE ÜBER DEN TOD HINAUS

„In Liebe freuen sich die Seligen meiner ewigen Schau
und haben am Guten Teil,
das in mir ist, jeder nach seinem Maß.
Denn sie sind in der Liebe zu mir und zum Nächsten verblieben
und sind nun in der allgemeinen und besonderen Liebe geeint,
die ein und der selben Liebe entspringt.
Sie freuen sich und frohlocken,
und über das allgemeine Glück hinaus
nimmt jeder am Glück des anderen in herzlicher Liebe Anteil.

Ein tieferes gegenseitiges Mitteilen besteht zwischen denen,
die sich auf Erden inniger liebten und einander Anlass waren,
den Lobpreis meines Namens in sich selber und im Nächsten zu
mehren.
Diese Liebe geht ihnen im unvergänglichen Leben nicht verloren,
im Gegenteil:
In der Verbundenheit mit dem allgemeinen Glück
nehmen sie noch innigeren und unbeschränkteren gegenseitigen
Anteil.

Du sollst aber nicht wähnen, sie besäßen dieses besondere Glück für
sich allen. Tritt eine Seele ins ewige Leben ein, dann erhalten alle
Anteil an ihrem Glück, und sie nimmt Teil am Glück aller.
Jubel, Heiterkeit, Frohlocken und immer neue Freude herrscht
in jedem über das, was ihnen allen in dieser Seele Neues widerfährt.
Alle Bande der Liebe am Ende des Lebens bleiben für die Ewigkeit."

(Aus: Caterina von Siena, Gespräch von Gottes Vorsehung, Kap. 40, bearbeitet und gestaltet
durch: Irene Heise, **Geistliches Forum Katharina von Siena**, Wien)

Scheitern in der Ehe und Brüche von Lebenskonzepten - Aspekte von Trost bei Katharina

Werfen wir erst einmal einen kurzen Blick darauf, von welcher Lebenssituation in diesem Kapitel die Rede sein wird.

Mennschen, die Brüche in ihrer Lebensbiographie erfahren müssen, bekommen besonders zu spüren, dass wir in einer Zeit leben, die überaus leistungsorientiert ist. So bemisst die Leistungsgesellschaft den Wert des Menschen nach dem positiven Gelingen seiner Lebenskonzepte. Anders ausgedrückt: Wem etwas misslingt, wer scheitert, dem wird rasch suggeriert, als Mensch weniger Wert zu haben als die Erfolgreichen. Wir alle kennen das! Und trauriger Weise bekommen wir diese Fehlhaltung auch zuweilen in der Kirche zu spüren! Wir haben sie tief verinnerlicht: Scheitern ist ein Makel, der kaum verziehen wird, der den Menschen mit einem schwarzen Punkt versieht, ihn womöglich lebenslänglich „moralisch stigmatisiert". Sehr viele empfinden es so, und kirchliche Bestimmungen und Praxen scheinen dies noch zu untermauern. Und wir werden immer mutloser.

Zwei Begriffe sind es, die ich als Aspekte von Trost bei Katharina nachfolgend besonders betonen möchte: Das **liebende Verlangen** (wir hatten es eingangs bereits kurz betrachtet) **und** der **Heilswille Gottes im Spiegel seiner unendlichen Barmherzigkeit**.

1. Niemand kann Gott „nützlich" sein

Was sagt Katharina dazu? Gleich vorweg: Bei ihr ist für eine solche Fehlhaltung kein Platz! Sie geht davon aus, dass **Leistungserfolg tatsächlich keine Bedeutung** hat. Nicht nur wenig Bedeutung, sondern KEINE! Jedes Gelingen ohne Scheitern nennt sie (ich zitiere) „ausschließlich das Werk der Gnade, das Werk der unendlichen Güte und Barmherzigkeit Gottes" (S.139)! Was heißt das für uns? Nicht mehr und nicht weniger, als dass erstens Erfolg vor Gott keinerlei Wert hat und zweitens der Erfolgreiche sich nichts darauf einbilden kann, da ja **alles Gelingen Gnade Gottes** ist.

Diese Haltung mag uns als extrem erscheinen. Woher nimmt nun Katharina diese Einstellung? Sie geht davon aus, dass **wir Gott, trotz allen Bemühens, ohnehin nicht nützlich sein können**, auch wenn wir uns noch so sehr anstrengen. Er ist allmächtig und braucht unsere Erfolge nicht! So sagt sie ganz klar: „Wir können Gott in keiner Weise nützlich sein." (S.132) Und in einem anderen Brief: „Bedenkt aber, dass wir Gott keinerlei Nutzen bringen, weil er unser Gott ist und uns nicht braucht!" (S.133). Gott bemisst uns nicht nach unseren Erfolgen, unterscheidet nicht Erfolgreiche von Scheiternden. Es gibt bei ihm keine Werteskala auf Grund von Erfolgen oder Misserfolgen. Das kann für uns ein erster, großer Trost sein.

Vielleicht könnte man jetzt fragen: Wozu sich dann überhaupt noch anstrengen, wenn wir Gott ohnehin nicht nützlich sein können? Wenn es ihm egal zu sein scheint, was aus unseren Bemühungen herauskommt? Katharina bleibt die Antwort nicht schuldig und fährt fort: „Er aber möchte und erwartet von uns, dass wir **ihn lieben**, wie er uns geliebt hat, nämlich **uneigennützig**... Wir müssen ihn ganz lauter lieben, ohne einen Blick auf unseren eigenen Vorteil, und zwar, indem **wir nicht ihm nützlich** sein sollen, was wir ja nicht können**, sondern unserem Nächsten."**

2. Auf die Liebe kommt es an: liebendes Verlangen und Sehnsucht

Katharina bringt es also auf den Punkt: **auf die Liebe kommt es an**! Womit sie auf dem festesten biblischen Fundament steht, das man sich vorstellen kann: dem Hauptgebot der Liebe „Du sollst den Herrn, deinen Gott lieben..." und: „Du sollst deinen Nächsten lieben wie dich selbst" (Mk 12,30f)!

Die Liebe ist für Katharina nicht weniger als die „**Speise der Seele**" (S.101). Sie ist es, die Gott erwartet, er, **der selbst die unendliche Liebe IST**. Daraus folgt, dass sich unsere Sehnsucht nach Liebe auf der begrenzten Erde nie ganz erfüllen kann - nicht einmal dann, wenn wir in glücklichen Beziehungen leben! Liebe ist also **immer**

gepaart mit Sehnsucht, und diese Sehnsucht nach Liebe, dieses „liebende Verlangen", stellt nicht weniger als das Mark von Katharinas Mystik dar.

Die Sehnsucht nach Gott ist unendlich, „denn das unendliche Gut (Gott) will unendliches Verlangen. So ist die Seele. Weil sie unendliches Sein besitzt, hat sie auch unendliches Verlangen, und sie wird nie satt, bis sie mit dem Unendlichen vereint ist." (S.103). Wie groß mag unser liebendes Verlangen nach Gott, nach Einigkeit mit der Kirche, den Sakramenten, die Sehnsucht nach Versöhnung mit dem Partner/der Partnerin, den Kindern werden! Und **diese Sehnsucht** ist es, **mit der wir Gott so nahe sind**!! Näher als so Mancher, dessen Leben erfolgreicher verläuft und der positive religiöse Gefühle verspürt. Wie unbeschreiblich trostreich!

Wie denkt nun Katharina über **Schuld und Sühne** - Begriffe, die uns im Zusammenhang mit Scheitern und dem damit verbundenen Leid in der Kirche immer wieder begegnen? Da müssen wir genau hinhorchen, um Katharina richtig zu verstehen. „Das Verlangen ist das einzige Unendliche, das der Mensch Gott zu geben vermag, wie er ihm auf seine unendliche Liebe antworten kann. Die Bereitschaft, Leiden zu ertragen, gehört dazu. Doch **das Leiden ist zeitlich begrenzt**, weshalb **das sehnsüchtige Verlangen unendlich höher zu bewerten** ist." (S. 103). Und an anderer Stelle sagt Katharina - wir finden es sogar gleich am Anfang ihres Buches! -: „Wahre **Reue** (die aus dem Verlangen erwächst), leistet Sühne für Schuld, nicht auf Grund begrenzter Leiden, die der Mensch erdulden könnte, sondern **durch sein grenzenloses Verlangen**." (S.103). **Sühne hat also nur dann wirklich Sinn, wenn sie in liebendem Verlangen nach Gott und dem Heil der Mitmenschen getragen ist.** Sühne, die unnötiges Leid verursacht, das den Menschen überfordert und ihm unnötiges, als sinnlos empfundenes Leid verursacht, vermag das Verlangen nach Gott sogar zu zerstören.

3. Konsequenzen für die kirchliche Praxis: Angemessenheit und „Auswege"

Was für Schlüsse können wir für die Kirche daraus ziehen? Erstens dürfte es auch in der Kirche keine Bußen geben, die dazu angetan sind, das liebende Verlangen von Christen auszulöschen. Bußen sollen „**angemessen**" (also zeitlich begrenzt, vernunftmäßig annehmbar und tragbar) sein, aber keinesfalls lebenslänglich. Und zweitens darf keinem Christen das liebende Verlangen abgesprochen werden, auch nicht jenes nach dem Empfang der Eucharistie. Das liebende Verlangen ist vielmehr zu **nähren**. Wobei bei Katharina Verlangen und Eucharistie immer zusammen gesehen werden und keine Trennung möglich ist. Diese Erkenntnis durchzieht alle ihre Werke und ihre ganze Theologie.

Für problematische Situationen haben die Amtsträger die Pflicht, „**Auswege**" zu schaffen (auch biblisch begründet: 1 Kor 10,13). So warnt Katharina in ihrer außergewöhnlichen geistlichen Autorität drei Kardinäle: „Widersteht doch nicht länger den Tränen und dem Angstschweiß, den die Diener Gottes Euretwegen vergießen... Aber wenn Ihr dieses süße, angstvolle und schmerzliche Verlangen, das sie um Euch erleiden, zurückweist, wird Euch eine noch viel härtere Strafe treffen. Fürchtet Gott und sein gerechtes Gericht!" (S.107).

Kehren wir noch einmal zu unserem liebenden Verlangen zurück: es gilt auch (und ganz besonders) für die Amtsträger der Kirche! Das Verlangen verleiht Flügel und führt, wird es genährt, zum „**immerwährenden Beten**" (*Paulus* hat es mehrfach betont, wie etwa in 1Thess 5,17: „Betet ohne Unterlass!"): Katharina meint dazu: „Unser Verlangen soll im Glutofen der Liebe brennen... Verrichtet man in ‚ausdauernder und heiliger Sehnsucht' seine Arbeiten, wird daraus ‚ein immerwährendes Beten, weil dann eben diese heilige und wahre Sehnsucht im Angesicht der Liebe betet.'" (S.105).

In ihrer außerordentlichen mystischen Verbundenheit mit Christus schaute Katharina in einer Vision **bei Jesus selbst** das liebende Verlangen, und zwar **nach dem Heil der Menschen**, das er **von seiner Empfängnis** an im Herzen getragen hatte und beim **Letzten Abendmahl** ganz besonders zum Ausdruck gekommen war: „Er liebte also Gott und den Nächsten aufs Vollkommenste... Der Schmerz dieses Verlangens war aber das allergrößte Kreuz. (Wie sie es schaute, größer als sein tatsächliches Kreuzesleiden, Anm.)

Darum sagte Christus selbst beim Mahl zu seinen Jüngern: ‚**Ich habe mich danach gesehnt, dieses Paschamahl mit euch zu essen** (Lk 22,15)." (S.108). Dieser Sehnsucht muss die Amtskirche gerecht werden, sie darf auch beim Menschen in scheinbar ausweglosen Situationen nicht übersehen werden!

4. Vorsehung und Heilswille Gottes: Auch Scheitern hat darin seinen Platz!

Dem **Heilswillen Gottes** hat Katharina neben zahlreichen Briefpassagen ihr ganzes Buch *„Dialog von der göttlichen Vorsehung"* gewidmet! Er ist neben dem „liebenden Verlangen" ein zweites Zentralthema bei Katharina. Zusammenfassend geht es Katharina darum: Gott hat in seiner **Vorsehung** den Erdkreis geschaffen, geordnet und lenkt ihn. Offenkundig wurde sein Heilswille durch die **Menschwerdung Christi und sein Erlösungswerk**. Die Antwort des Menschen kann nur das **liebende Verlangen** sein, das **sich in tätiger Nächstenliebe** manifestiert. So weit wissen wir schon Bescheid.

Menschen, deren Lebensläufe Bruchlinien aufweisen, können mit der Vorsehung Gottes in Konflikt geraten. Denn die Frage drängt sich immer wieder auf: Wieso ich? Warum lässt Gott so etwas zu? Die Frage ist verständlich, impliziert aber doch einen (wenn auch nicht eingestandenen!) Verdacht, Gott könne es mit einem doch nicht gut meinen, wenn er so ein Leid zulässt. Wobei wir bei dem Begriff der **Zulassung Gottes** angekommen sind. Katharina geht davon aus, dass - obwohl von ihm nicht gewollt - sogar **die Sünde ihren Platz im Heilsplan Gottes** hat. Auch die Sünde, mit denen andere uns schädigen (und wir sie, auch das kommt ja vor)! **Gott lässt sie zu wie Krankheit oder Scheitern**. Eine so wichtige Erkenntnis! Warum das so ist, warum uns dieses oder jenes Leid trifft, wozu es gut ist, werden wir einst verstehen können, wenn wir im ewigen Leben angekommen sind.

Immer wieder erleben wir auch in der Kirche den leisen Verdacht, wir müssten an unseren Misserfolgen doch irgendwo **selbst Schuld** haben. Daraus resultiert unendlich viel Unbarmherzigkeit. Und, umgekehrt, die fixe Meinung bei Manchen, den wirklich „braven" Christen könne Scheitern nicht passieren. Hinter Scheitern MÜSSE irgend ein persönlicher Makel liegen, für den der andere (womöglich lebenslänglich) zu büßen haben soll. Völlig falsch: Gott lässt Misserfolge und Scheitern zu, auch völlig unverschuldet. Das müssen wir uns vor Augen halten. Auch darin können wir Trost finden: Wir sind vor Gott nicht chancenreicher oder -ärmer als andere, Erfolgreichere!

Katharina findet deutliche Worte für jene, die sich an der Zulassung Gottes stoßen: „Wenn sie wirklich Mitleid und Eifer für das Heil der Seelen und für die Ehre Gottes hätten, würden sie den Weg der Liebe gehen... und wenn sie in ihrer Liebe großzügig wären und wahrhaft erleuchtet, würden sie sich über die **unterschiedlichen Weisen und Wege** freuen, die Gott mit seinen Dienern vor hat." (S. 284). Sie denkt hier an Jesus, der gesagt hat: „Im Haus meines Vaters gibt es viele Wohnungen." (Joh 14,2): Gott führt die Menschen auf unterschiedlichen Wegen, und **Scheitern gehört dazu wie Krankheit oder sonstiges, verschuldetes oder unverschuldetes (bzw. durch andere verschuldetes) Leid.**

Es gilt, das Vertrauen auf den Platz und Sinn des Leides sowie das liebende Verlangen nicht zu verlieren. Dabei tröstet Katharina: „Wenn wir sehen könnten, wie groß die Frucht ist, die aus diesem Kampf hervorgeht, so würden wir ihn alle mit Sehnsucht erwarten... Wisst ihr, wie viel Gutes aus so einem Kampf entstehen kann? In den Zeiten großer Kämpfe haben wir die Möglichkeit, uns aus der Gleichgültigkeit zu erheben." (S. 191) Gottes Heilswille lässt es geschehen, **dass unser Scheitern fruchtbar** wird. Manchmal dürfen wir schon hier auf Erden erkennen, wozu es gut gewesen ist. Oft bleibt es uns aber noch verborgen.

5. Die geöffneten Flügel der Barmherzigkeit Gottes

Katharina gibt uns auch die Ausrichtung an, die unser Gebet, genährt durch das liebende Verlangen, haben soll: die **Barmherzigkeit Gottes**. Auch sie nimmt bei Katharina einen hervorragenden Platz ein. Zusammenfassend könnte man sagen: Es ist überaus wichtig, das Vertrauen auf die Barmherzigkeit Gottes nicht zu verlieren! Es würde zu großer Verwirrung führen und könnte Verzweiflung zur Folge haben. Für Katharina entspricht dem Heilswillen Gottes: **Wer mehr nach der Barmherzigkeit Gottes hungert, wird auch mehr Barmherzigkeit erfahren!** Darauf dürfen wir vertrauen, sollen aber bei Gott „um Barmherzigkeit anklopfen", nach dem Wort Jesu: „Bittet, und es wird Euch gegeben." (Mt 7,7). Freilich müssen wir selbst auch Barmherzigkeit üben, **unser Herz in Gottes Barmherzigkeit „ausweiten"**, wie Katharina es ausdrückt. (S.156f).

Wenn Katharina von der Barmherzigkeit Gottes spricht, führt sie auch immer wieder **anschauliche Bilder** an, wie etwa die „geöffneten Flügel der Barmherzigkeit", mit denen Gott auf den Menschen wartet. Oder Gott als „wahrer Brunnen" der Barmherzigkeit. „Verbergt Euch unter den Flügeln der Barmherzigkeit Gottes, denn **er ist mehr bereit zu verzeihen, als Ihr überhaupt sündigen könnt**." (S. 155) Welch wunderbares, trostreiches Wort!

Die Barmherzigkeit Gottes muss in der Kirche ihren Niederschlag finden. Sie fordert Katharina von den Hirten der Kirche, dem Papst, den Bischöfen und Priestern ihren „Schäfchen" gegenüber unermüdlich ein! So fleht sie Papst Gregor XI: an: „Habt **Erbarmen mit den süßen und liebenden Wünschen**, die für Euch und die heilige Kirche unter ständigen Tränen und Gebeten dargebracht werden! Behandelt sie bitte nicht mit Gleichgültigkeit, sondern sorgfältig." (S. 171). Und später schreibt sie: „Nehmt doch Eure Kinder wieder auf... Es wird keine Schande sein, wenn Ihr Euch versöhnend herabbeugt..." (ebd). Wieder anderswo heißt es: „Erwartet von einem Kranken nur das, was er geben kann", wobei sie im historischen Kontext unter den „Kranken" besonders Christen versteht, die sich vom Papst abgewendet und dem Gegenpapst zugewendet haben. (S. 173). Später schreibt sie nochmals: „Eure Kinder... ersuchen Euch um das Öl der Barmherzigkeit... Ach, so schaut doch darüber hinweg! Versagt mir nicht die Brotsamen, die ich für Eure Kinder erbitte!" (ebd.).

Ziehen wir den Schluss: Gottes Vorsehung kann nicht fehlschlagen, der Mensch vermag sich seinem Heilswillen voll anzuvertrauen, er kann etwas riskieren, auch auf die Gefahr hin, dass er scheitern könnte. Und er sollte darauf vertrauen können, dass die Kirche diese Haltung immer mitvollzieht und „Auswege" für Neubeginne schafft. Schließen wir dieses Anliegen ins Gebet ein!

**Kaiserjubiläums-
kirche** 1020 Wien,
**Dominikaner-
konvent**
1010 Wien,
Minoritenkirche
1010 Wien,
Schulschwestern
1020 Wien,
Caritas Österreich,
Diakonie Hessen,
Deutschland

Irene und Dieter Heise,

**Tanzmeditationen und
Workshops
zur Lehre und Mystik
der
hl.Katharina von Siena**

seit 2005

Caterina von Siena:
DANKGEBET ZUM ERLÖSER JESUS CHRISTUS

V/A: Dank, Dank sei dir, hohe und ewige Gottheit, für deine große Liebe!

V.: Du, Vater, hast uns deinen eingeborenen Sohn gesandt, umhüllt mit unserem armseligen Fleisch und bekleidet mit unserer Sterblichkeit. Und du, Jesus Christus, unser Versöhner, Erneuerer und Erlöser, bist zum Mittler geworden. Du Liebeswort, du hast den großen Krieg zwischen Mensch und Gott zum großen Frieden gemacht. Du hast unsere Sünden und den Ungehorsam Adams an deinem eigenen Leib bestraft, weil du gehorsam warst bis zum schändlichen Tod am Kreuz.

A.: Dank, Dank sei dir, hohe und ewige Gottheit, für deine große Liebe!

V.: Am Kreuz hast du, Jesus, süße Liebe, das Unrecht an deinem Vater durch unsere Schuld gut gemacht. Durch deine Güte und unermessliche Liebe bist du unser Herr und Bruder, ewige Gottheit. Im Kennen und Erfüllen des Willens des Vaters wolltest du, Sohn Gottes, am heilbringenden Holz des hochheiligen Kreuzes dein kostbares Blut für unser Elend vergießen.

A.: Dank, Dank sei dir, hohe und ewige Gottheit, für deine große Liebe!

V.: Du, Gottheit, bist die höchste Weisheit, ich ein unwissendes und elendes Geschöpf. Du bist die höchste Güte. Ich bin der Tod und du das Leben. Ich bin Finsternis, du das Licht. Ich bin Torheit, du die Weisheit. Ich bin begrenzt, du unendlich. Ich bin krank und du der Arzt. Ich bin ein/e schwache/r Sünder/in, die/der dich niemals wirklich liebe, weil ich, weit weg von dir, mich und meine Lebensfrist unnütz in den Wind schlug. Du allein bist die reinste Schönheit, Herr und Gott.

A.: Dank, Dank sei dir, hohe und ewige Gottheit, für deine große Liebe!

V.: Ewige Güte, sieh nicht auf meine Untaten, die ich auf mich selbst gestellt begangen habe! Mit unsagbarer Liebe hast du mich aus dir herausgezogen als dein Ebenbild. Wohin ich mich auch wende, überall finde ich unsagbare Liebe.

A.: Dank, Dank sei dir, hohe und ewige Gottheit, für deine große Liebe!

(Aus: Caterina von Siena, Meditative Gebete, Johannes-Verlag Einsiedeln, 1980, S. 46-48, überarbeitet und gestaltet von Irene Heise, Geistliches Forum Katharina von Siena, Wien)

Das Geistliche Forum Katharina von Siena - Eine Kirchliche Bewegung in der Erzdiözese Wien

Geistliches Forum Katharina von Siena

Entstehung

Von Prof. Irene Heise im Frühjahr 2008 im Karmelzentrum, 1190 Wien, eröffnet und von ihr geleitet.

Schwerpunkte der Spiritualität und des Apostolats

Ein **offenes Forum** von KatholikInnen, vereinzelt auch Mitgliedern anderer christlicher Konfessionen, von Priestern und Ordensleuten, unter wechselnder **Kooperation** mit verschiedenen kirchlichen Einrichtungen (Diözesen, Bildungshäusern, Klöstern, Pfarren), zur Betrachtung des Lebens, der Lehre und Mystik der heiligen **Katharina von Siena**, um aus ihrer Kompetenz als **Kirchenlehrerin und Europa-Patronin** Glaubens- und Lebenshilfe für das eigene Leben zu gewinnen.

ChristInnen in schwierigen Lebenslagen, nach Scheidung und Wiederverheiratung, in leidvollen ehelichen Beziehungen und Kirchendistanzierte sind im Forum ganz besonders willkommen, zumal die Bewegung mit dem langjährigen **„Kompetenzforum AUFATMEN"** von Prof. Irene Heise (seit 2003) verknüpft worden ist.

Angeboten werden Vorträge mit anschließender Agape, eine Gesprächsrunde sowie empathische Einzelgespräche zur Neuorientierung, Rundbriefe und - ganz wesentlich – Buch- und Schriftenapostolat (Dreimonatsschrift „Aufatmen mit Caterina"); angeregt werden Gebetskreise. Besonders hervorzuheben: **Litanei** und **Lied zur hl. Katharina von Siena**. Wenn gewünscht, ist die 80 cm hohe **Statue der hl. Katharina von Siena** aus Lindenholz bei den Veranstaltungen mit dabei.

Die Bewegung zählt bislang rund 25 Mitglieder, die mit dem Forum eng verbunden sind, sowie eine große Anzahl Interessierte, die fallweise an den Veranstaltungen teilnehmen. Die Anzahl der BezieherInnen der Bücher und Schriften von Prof. Irene Heise beträgt bereits mehr als Zehntausend im deutschen Sprachraum und darüber hinaus, vor allem Priester und Ordensleute, Diözesen, Universitätsbibliotheken, Bildungseinrichtungen aller Art.

Organisation

Die Teilnahme an den Veranstaltungen des Forums ist **freiwillig, unbefristet und kostenfrei**; an Stelle einer konkreten Gebetsverpflichtung gilt ein stetes Bemühen um **Vertiefung der persönlichen Beziehung zu Jesus Christus, vor allem in der Eucharistie.**

Die Teilnahme ist **unabhängig** von anderen Zugehörigkeiten zu Gemeinschaften und Initiativen in der Kirche, **mit allen vereinbar** und somit auch **ein Angebot eines Brückenschlags im Dienst der Einheit der Kirche.**
Die Mitgliedschaft ist **unbefristet und kostenfrei.**
Unter Rücksichtnahme auf die Befindlichkeit unserer, oft von seelischen Verletzungen geprägten TeilnehmerInnen sind die **Anforderungen bewusst niederschwellig** gehalten; es gibt **keinerlei Gruppenzwang** oder spezielle Rituale. Niemand darf sich eingeengt fühlen: „Weitet euer Herz!" – ein immer wiederkehrender Aufruf Katharinas, der uns herausfordert und leitet, und nicht zuletzt das Wort Jesu: „Sucht zuerst das Reich Gottes!" (Mt 6,33).

Kontakt
Prof. Irene Heise
Paulinensteig 31/Haus 2,
1160 Wien, Tel: 0676/96 52 962,
kontakt@irene-heise.com
www.caterina-von-siena.de

Kleines ABC
zu Leben, Mystik und Lehre Katharinas
in diesem Buch

1. Begriffe

A   Amtsträger, Analphabetin, Angemessenheit, Aufstieg auf das Kreuz, Augenstern, Ausnahmegenehmigung, Auswege

B   Barmherzigkeit, Beharrlichkeit, Bittgebet, Blut, Braut, Brücke, Buße

C   Charisma, Christusbeziehung

D   Dankgebet, Demut, Dialog, Dominikanerorden, Dornenkrone

E   Eigenliebe, Eigennutz, Ekstase, Empathie, Erbarmen, Erlösung, Eucharistie, Europa-Patronin, Ewigkeit

F   Familie, Fehlbarkeit, Feuer, Fürbittgebet

G   Gebet, Gedächtnis, Geistesauge, Gefühl, Gottesliebe

H   Häresie, Heilsplan Gottes, Heilswille Gottes, Heilungsgabe, Herzenstausch, Hingabe

I   Interdikt

J   Jesus Christus, Jesuskind

K   Kellermeister des Blutes, Kirchenkritik, Kirchenlehrerin, Kompetenz, Kreuz

L   Leid, Levitation, Licht, Liebe, Liebendes Verlangen, Lobgebet

M   Mantellatin, Mitleid, Mutterschaft, Mystikerin, Mystische
    Hochzeit, Mystischer Tod

N   Nächstenliebe, Nachterfahrung

O   Ordnen als Pflicht der Amtskirche

P   Predigerin, Prophetie, Prozess von Castello

R   Reue des Herzens, Richten, Ruhebett

S   Seele, Seelenkräfte, Seelenschau, Scheitern, Schisma,
    Schönheit der Seele, Schönheit Gottes, Seitenwunde Christi,
    Selbsterkenntnis, Sinnlichkeit, Spiegel, Stellvertretung,
    Stigmatisierung, Sünde

T   Tränen, Tränentraktat, Trinität, Trost, Tugenden

U   Unterscheidung, Urteilen

V   Verstand, Versuchung, Vision, Vorsehung Gottes

W   Weite des Herzens, Wille, Wirkgemeinschaft mit Christus,
    Wissenschaft, Wohnung, Wundmale, Würdigkeit

Z   Zeichen, Zelle, Zulassung Gottes

2. Personen

Alessa di Saracini, Mitschwester Katharinas
Augustinus, Kirchenlehrer
Barduccio di Canigiani, Sekretär Katharinas, Notar und
    Testamentszeuge
Benincasa Bonaventura, Schwester Katharinas
Benincasa Giacomo, Vater Katharinas

Benincasa Johanna, Zwillingsschwester Katharinas
Benincasa Stefano, Bruder Katharinas
Bernhard von Clairvaux, Kirchenlehrer
Birgitta von Schweden, Europa-Patronin
Clemens VII., Gegenpapst in Avignon
Clemente Gori, Mitschwester Katharinas
Di Puccio Lapa, Mutter Katharinas
Edith Stein, Europa-Patronin
Elisabeth von der Dreifaltigkeit, Karmelheilige
Francesca Cecca, Mitschwester Katharinas
Franz von Assisi
Giotto di Bontone, Maler und Künstler
Gregor XI., Papst
Hildegard von Bingen, Kirchenlehrerin
Jacobus Voragine, Dominikaner
Johannes Paul II., Papst
Johannes vom Kreuz, Kirchenlehrer
Kaiser Karl IV.
Maria, Mutter Gottes
Maria von Magdala, „Apostelin"
Neri di Landoccio Pagliaresi, Sekretär Katharinas
Niccolo di Toldo, zum Tode Verurteilter
Paul VI., Papst
Paulus
Pius II., Papst
Pius IX., Papst
Pius XII., Papst
Raimund von Capua, Dominikaner, Beichtvater und Biograf
     Katharinas
Stefano Maconi, Sekretär Katharinas
Teresa von Avila, Kirchenlehrerin
Therese von Lisieux, Kirchenlehrerin
Thomas von Aquin, Kirchenlehrer
Tommaso Caffarini, Dominikaner, Schüler und Biograf Katharinas
Tommaso dalla Fonte, Cousin, Ziehbruder, Dominikaner und Biograf
     Katharinas aus ihrer Kindheit
Urban V., Papst
Urban VI., Papst

Lied zur heiligen Katharina von Siena

nach der Melodie zu „Tantum ergo sacramentum", GL Nr. 541 (neu: Nr.495)

Text: Irene Heise, Wien 2012

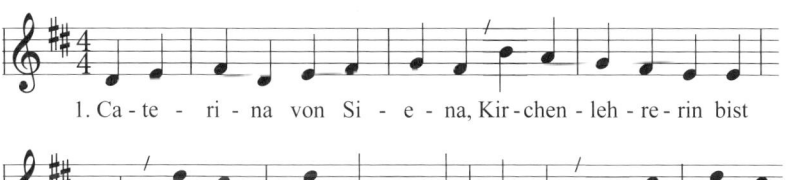

1. Ca-te - ri - na von Si - e - na, Kir-chen - leh - re - rin bist

du. Schenk-test vie - len Mut zur Um - kehr, führ-test sie dem

Glau-ben zu. Hast auf Er - den schon ver - spro - chen, auch für

uns stets da zu sein.

2. Im Blut Christi fest gegründet,
Seherin voll heil'ger Kraft.
Spiegelbild der ew'gen Schönheit,
Meisterin der Wissenschaft.
Bist Patronin ganz Europas,
Schutzengel der Kirche heut'

3. Zeugin du der Güte Gottes
und seiner Barmherzigkeit.
Heiltest Kranke und Besess'ne,
machtest enge Herzen weit.
Forderst liebendes Verlangen,
heil'ge Sehnsucht nach dem Herrn.

4. Du lieblicher Garten Gottes,
der bewässert durch den Geist,
tugendreich und Frieden stiftend.
Durch das heil'ge Brot gespeist
bist du Sängerin des Blutes,
unvergleichlich, mystisch klar.

5. Caterina, lehr' uns treulich
stellvertretend Sühne tun,
Gottes Vorsehung begreifen,
lieben ohne auszuruh'n.
Sei uns Mutter, Freundin, Beispiel,
Trost und Hilfe, immer nah'.

(Festtag der hl.Katharina von Siena: 29.April)

LITANEI ZUR HEILIGEN CATERINA VON SIENA

von Irene Heise, Wien

(Mit Druckerlaubnis des Erzbischöflichen Ordinariates Wien vom
9.September 2008, Zl. K 207/08, Generalvikar Mag. Franz Schuster)

V/A: Herr, erbarme dich.
V/A: Christus, erbarme dich.
V/A: Herr, erbarme dich.

V: Christus, höre uns.   A: Christus, erhöre uns.
V: Gott Vater im Himmel,   A: erbarme dich unser.
V: Gott Sohn, Erlöser der Welt,   A: erbarme dich unser.
V: Gott Heiliger Geist,   A: erbarme dich unser.
V: Heiliger dreifaltiger Gott,   A: erbarme dich unser.

V: Heilige Caterina von Siena,   A: bitte für uns.
V: Caterina, du Engel vom Himmel mit der Kette der Tugenden
V: Du Schlüssel zum Abgrund der übernatürlichen Weisheit
V: Du Braut des göttlichen Erlösers
V: Du Stein im mystischen Leib der Kirche
V: Du hohe Zeder, bewässert durch den Heiligen Geist
V: Du Rebe im Weinberg, von Gott gesetzt
V: Du Schatz im Acker der Kirche
V: Du Frucht des Baumes, gepflanzt an Wasserbächen des Himmels
V: Du Turm des Libanon, zu unserem Schutz erbaut

V: Du lieblicher Garten Gottes
V: Du starke Säule, auf festem Fels gegründet
V: Du unvergleichlicher Schatz der Kirche
V: Du Mystikerin edlen Geistes und göttlichen Gemüts
V: Du erhabene Seherin und Prophetin
V: Du Begnadete des Wortes und der Wissenschaft
V: Du Sängerin des Lobpreises des Kostbaren Blutes
V: Du hervorragendste Lehrerin der Wahrheit und der Liebe
V: Du Meisterin des Wortes für Ungebildete und Gelehrte
V: Du Trost und Hilfe für Heilige und Sünder

V: Du Zeugin der unermesslichen Barmherzigkeit Gottes
V: Du Heilerin der Kranken und Sterbenden
V: Du Ermutigung der Schwachen und Betrübten
V: Du Erleuchtete in der Erkenntnis der Seelen
V: Du Umkehr der Sünderinnen und Sünder
V: Du Bezwingerin des Feindes
V: Du Ermahnerin der Lauen
V: Du Meisterin der Askese
V: Du Mahnerin der Päpste, Bischöfe und Priester
V: Du Vermittlerin des Friedens

V: Du Jungfrau von glänzendem und unvergänglichem Gedenken
V: Du Spiegel der Ewigen Schönheit
V: Du Autorin der Vorsehung Gottes
V: Du Mystikerin des Allerheiligsten Sakraments des Altares
V: Du wunderbare Hilfe für die Kirche unserer Zeit
V: Du leuchtendes Beispiel für alle Gläubigen
V: Du Mutter und Freundin aller, die auf dich hoffen
V: Du Schutzengel der Kirche
V: Du Patronin Europas
V: Du Lehrerin der gesamten Kirche

V: Lamm Gottes, du nimmst hinweg die Sünde der Welt,
A: Herr, verschone uns.
V: Lamm Gottes, du nimmst hinweg die Sünde der Welt,
A: Herr, erhöre uns.
V: Lamm Gottes, du nimmst hinweg die Sünde der Welt,
A: Herr, erbarme dich.

V: Lasset uns beten:
A: Gütiger und barmherziger Gott, du hast uns in der Lehre der heiligen Caterina
    von Siena einen Schlüssel zur Lösung der brennendsten Fragen in der Kirche
    von heute geschenkt. Lehre uns, ihn zu ergreifen in liebendem Verlangen und
    einer Bereitschaft zu stellvertretender Sühne, in der uns Caterina ein einzig-
    artiges Beispiel gewesen ist, damit dein unermessliches Erbarmen auch an
    jenen in der Kirche offenbar werden kann, die seiner am meisten bedürfen.
    Durch das Kostbare Blut Jesu Christi, unseres Herrn. Amen.

LITANIE DI SANTA CATERINA DA SIENA

von Irene Heise, Wien

Signore, pietà. Signore, Pietà.
Cristo, pietà. Cristo, pietà.
Signore, pietà. Signore, Pietà.

Cristo, ascoltaci. Cristo, esaudiscici.
Padre celeste, Dio, abbi pietà di noi.
Figlio redentore del mondo, Dio, abbi pietà di noi.
Spirito Santo, Dio, abbi pietà di noi.
Santa Trinità, unico Dio, abbi pietà di noi.

Santa Caterina da Siena, prega per noi.
Caterina, angelo del cielo coronata di virtù
Chiave di abisso della Sapienza Divina
Sposa del Divino Redentore
Cedro altissimo, bagnato dallo Spirito Santo
Vite della vigna, piantata da Dio
Tesoro del giardino della chiesa
Frutto dell'albero, piantato sulle rive dell'acqua del cielo
Torre del Libano, edificato per il nostro rifugio

Grazioso giardino di Dio
Colonna robusta, eretta su una roccia forte
Tesoro incomparabile della chiesa
Donna mistica con spirito nobile e divino
Veggente e profeta sublime
Dotata della parola e della scienza
Cantatrice di lodi prezioso sangue
Insegnante eminente della verità e dell' amore
Maestra della parola per dotti ed ignoranti
Consolazione e aiuto per santi e peccatori

Testimone della immensa misericordia di Dio
Cura dei malati e conforto dei moribondi
Incoraggiamento dei deboli e degli afflitti
Illuminata nella cognizione delle anime
Conversione dei peccatori
Vincitrice del nemico
Ammonitrice dei ticpidi
Maestra ascetica
Esortazione per i papi, per i vescovi e sacerdoti
Mediatrice di pace

Vergine di conoscenza e luce perenne
Specchio della bellezza eterna
Autrice della Provvidenza di Dio
Mistica del Santissimo Sacramento dell' altare
Aiuto miracoloso per la chiesa dei nostri tempi
Esempio luminoso per tutti i fedeli
Madre e amica di tutti quelli che sperano in te
Angelo custode della chiesa
Patrona d'Europa
Maestra di tutta la chiesa

Agnello di Dio, che togli i peccati del mondo, perdonaci, o Signore.
Agnello di Dio, che togli i peccati del mondo, esaudiscici, o Signore.
Agnello di Dio, che togli i peccati del mondo, abbi pietà di noi.

Preghiamo.
Dio amabile e misericordioso, nella dottrina di Santa Caterina da Siena ci hai
dato una chiave per la soluzione dei problemi più urgenti della chiesa di oggi.
Insegnaci a prenderla con amore ed essere disposti ad espiare per gli altri, in cui
Caterina è un esempio incomparabile, perché la tua misericordia immensa possa
manifestarsi anche in quelle persone della chiesa che sono più bisognose della
tua misericordia. Per il prezioso sangue di Gesù Cristo nostro Signore. Amen.

(Deutsche Fassung: Mit Druckerlaubnis des Erzbischöflichen Ordinariates Wien
vom 9.September 2008, Zl. K 207/08, Generalvikar Mag. Franz Schuster)

Erläuterungen zu den 40 Prädikaten der
LITANEI ZUR HEILIGEN CATERINA VON SIENA

von Irene Heise, Wien

I. Allgemeines

Die „Litanei zur heiligen Katharina von Siena" von *Prof.Irene Heise*, Wien, ist 2007 entstanden und *„mit Druckerlaubnis des Erzbischöflichen Ordinariates Wien vom 9.September 2008, Zl. K207/08, Generalvikar Schuster"*, in die Gebete der Kirche aufgenommen worden.

Zur Gliederung der Litanei:
Die Lauretanische Litanei zur Mutter Gottes zum Vorbild (Anrufungen Gottes am Anfang und Schluss), ist die Litanei zur heiligen Katharina von Siena hingegen in vier Strophen zu je zehn Prädikaten gegliedert und schließt mit einem Fürbittgebet.

Zur Herkunft der Prädikate: Diese stammen aus:

- *Zitaten der 2 Biographen und Zeitzeugen Katharinas*, *Raimund von Capua* (ihr Beichtvater) sowie *Tommaso Caffarini* (Gefährte ihrer „famiglia");
- *Zitaten von 5 Päpsten*:
Papst Pius II. in seiner Bulle *„Misericordias Domini"* zur Heiligsprechung Katharinas vom 29 06 1461;
Papst Paul VI. in seiner *Homilie* sowie im Apostolischen Schreiben anlässlich der Erhebung Katharinas zur Kirchenlehrerin *„Mirabilis in Ecclesia Deus"* vom 04 10 1970;
Papst Johannes XXIII. aus seiner Ansprache anlässlich des 500. Jahrestages der Heiligsprechung Katharinas, zit.in: *Papst Paul VI., Mirabilis in Ecclesia Deus*, s.o.
Papst Johannes Paul II. in seinem Apostolischen Schreiben anlässlich des 600. Jahrestages des Heimganges Katharinas „*Amatissima Providentia*" vom 29 04 1980;
Papst Pius X. aus einer *Rede* in der römischen Kirche Santa Maria Sopra Minerva *zu Ehren der beiden PatronInnen Roms, Katharina von Siena und Franz von Assisi*, vom 05 05 1940, in: Amatissima Providentia, s.o.

- *Ergänzungen von Prof.Irene Heise*:
Aus dem Kontext der Schriften der hl.Katharina (*Briefe* und *Buch „Dialog*

von der göttlichen Vorsehung") sowie der Biographien o.a. Zeitzeugen;
Aus dem Buch *Irene Heise, „Caterina von Siena - Gebt ihnen zu essen! Die mystisch-theologische Kompetenz der Kirchenlehrerin und Patronin Europas als Schlüssel für eine befreiende Sakramentenpraxis".*

Näheres zu den Quellen: Siehe bitte Punkt III., Verzeichnis der Quellen und Abküzungen.

Zu den 4 Strophen:

• Die ersten beiden Strophen enthalten bildhafte Prädikate seitens der Biographen und der Päpste (vor allem aus der Heiligen Schrift) sowie charismatische Titel;

• die dritte Strophe bringt Prädikate das irdische Leben Katharinas betreffend, teils aus den päpstlichen Dokumenten, teils von *Irene Heise* aus dem Kontext der Schriften von und über Katharina;

• die vierte Strophe steigert sich zu den erhabensten Prädikaten Katharinas seitens der Päpste sowie *Irene Heise*, gipfelnd in den höchsten Titeln: *„Patronin Europas" (Papst Johannes Paul II.)* und *„Lehrerin der gesamten Kirche" (Papst Paul VI.).*

Zum Fürbittgebet am Schluss der Litanei:
Sie enthält drei der wesentlichsten theologischen Begriffe in Katharinas Lehre: *Liebendes Verlangen, Stellvertretende Sühne* und *Kostbares Blut Jesu Christi.*
Sie werden sowohl einzeln, als auch im Kontext sowie im Hinblick auf Katharinas Eucharistieverständnis erörtert.

II. Kommentare zu den einzelnen Anrufungen

Vorab ist zu bemerken, dass die Erläuterungen zu den einzelnen Anrufungen in sehr unterschiedlichem Umfang ausfallen werden. Dies liegt darin begründet, dass sich manche Prädikate aus dem Kontext der Schriften von und über Katharina ergeben, andere wiederum zum Teil einzelne, aber gewichtige Zitate von Päpsten oder Biographen darstellen (wie etwa das seitens *Papst Johannes Paul II.* fast „nebenbei" erwähnte Prädikat „Schutzengel der Kirche"!).
Schließlich ist noch zu bemerken, dass manche Prädikate Katharinas mehrfach, vielleicht sogar vielfach kommentiert sind. In solchen Fällen, wie etwa zu den Prädikaten „Zeugin der unermesslichen Barmherzigkeit Gottes" oder „Heilerin der Kranken und Sterbenden" (welche auch durch zahlreiche Beispiele belegt sind), muss hier eine knappe Auswahl an Zitaten ausreichen.

Zu den einzelnen Prädikaten:

Heilige Caterina von Siena:
„Caterina da Siena": So war Katharina (1347 - 1380) im 14.Jahrhundert von Siena bis Rom und von Florenz bis Avignon weithin bekannt, geschätzt und verehrt, ja von manchen Zeitgenossen, die etwas zu verbergen hatten, wegen ihrer „übermenschlichen Weisheit" (*Papst Paul VI.*) sogar gefürchtet.
Die Heiligsprechung Katharinas erfolgte im Jahr 1461 durch *Papst Pius II.*, der selbst aus Siena stammte. Im Heiligsprechungsprozess konnten noch zahlreiche Zeitzeugen Katharinas persönlich aussagen. Ihr Gedenktag ist der 29.April (der Tag ihres Heimganges).

Caterina, du Engel vom Himmel mit der Kette der Tugenden:
Der bedeutendste Biograph Katharinas, der (später selig gesprochene) *Raimund von Capua*, Dominikaner und einst ihr Beichtvater und Begleiter, vergleicht Katharina in einer ausführlichen Erörterung gleich im „Prolog" zu seiner *„Legenda Major"*, der Lebensgeschichte der heiligen Katharina, mit dem in der *Geheimen Offenbarung des Johannes, Kapitel 20*, beschriebenen Engel, der mit einer großen Kette vom Himmel kommt, um Satan zu fesseln und damit seine Macht über die Menschen zu brechen:
„Ich sah einen Engel vom Himmel herabsteigen, der in seiner Hand den Schlüssel zum Abgrund und eine schwere Kette trug, ich sah es und war Zeuge."
Hier wird bereits allzu deutlich, welch tiefe mystische Ausstrahlung an Katharina wahrgenommen worden ist. Und weiter heißt es: „Und wenn auch der Herr Vieles und Großes gewirkt hatte, ehe ich sie noch kannte, habe ich doch alles gehört, sei es von ihr selbst im Geheimnis der Beichte, sei es von anderen Personen beiderlei Geschlechts, die völlig glaubwürdig sind, die mit ihr waren und es gesehen haben. Ich habe also gesehen und gehört, so dass ich und andere Zeugen mit dem Evangelisten Johannes rufen dürfen: ‚Was wir gesehen und gehört haben über das Wort des Lebens', das in dieser wundersamen Jungfrau wohnte, das und nichts anderes verkünden wir euch. ‚Wir können nämlich', um mit Petrus und Johannes zu sprechen, ‚unmöglich schweigen über das, was wir gesehen und gehört haben', sondern müssen es allen kundtun." *(LMaj, 36, nach 1 Joh 1,3 und Apg 4,20)*

Du Schlüssel zum Abgrund der übernatürlichen Weisheit:
Im bereits angesprochenen „Prolog" kommt *Raimund von Capua* auf die mangelnde Bildung „in den Wissenschaften" Katharinas zu sprechen. Katharina war Analphabetin und hat erst spät auf mystische Weise, durch Jesus Christus selbst, lesen und offenbar auch ein wenig schreiben gelernt. Den „Schlüssel" zu den „Wunderwerken des Herrn", ihre „übernatürliche Weisheit", stellte also einzig ihre tiefe, durch mystische Erfahrungen geprägte Erkenntnis dar. *(LMaj, 38)*.

Du Braut des göttlichen Erlösers:

Die Brautschaft Katharinas kommt vielleicht in ihrem mündlichen Testament am berührendsten zum Ausdruck, wie es *Papst Paul II.* zitiert: „'So nimm mein Herz denn hin und presse es aus über das Antlitz deiner Braut!'" Und er fährt in seiner *Homilie anlässlich der Erhebung Katharinas zur Kirchenlehrerin* fort: „Die Botschaft also eines ganz lauteren Glaubens, einer demütigen und großmütigen Hingabe an die Katholische Kirche, diesen mystischen Leib und diese Braut des göttlichen Erlösers..." *(LMin, 335)*. Als Kind der Kirche, dem mystischen Leib Christi, nimmt sich Katharina zugleich als Braut Christi selbst wahr.

In Katharinas Briefen an Ordensfrauen kommt das Brautmotiv häufig vor, wie etwa im Brief 75, den sie an Augustinerinnen richtet: „Folglich hat sie als wahre Braut des gekreuzigten Christus den himmlischen Vater als ihren Tisch und ihr Ruhebett gefunden. Denn im himmlischen Vater finden alle Bedürfnisse ihre Erfüllung." *(BO, Brief 75, 21)*.

Du Stein im mystischen Leib der Kirche:

Katharinas großer Wunsch war es, ein Martyrium zu erleiden und so als würdiger „Stein" in die Kirche „eingemauert" zu werden. So bedauert sie in einem Schreiben an *Raimund von Capua*: „Auch wurde (mit meinem Blut) kein Stein eingemauert in den mystischen Leib der heiligen Kirche." *(BMKI, Brief 295, 194)*.

Tatsächlich allerdings bedurfte es keines Martyriums für Katharina, damit sich ihre Sehnsucht sehr wohl erfüllen sollte: Schließlich sollte sie - wie später noch einmal zur Sprache kommen wird - im 20.Jahrhundert zur Kirchenlehrerin und Patronin Europas erklärt werden!

Du hohe Zeder, bewässert durch den Heiligen Geist:

Als *Raimund von Capua* von Katharinas Kindheit berichtet, kommt er im besonderen auf ihre beeindruckenden „Übungen der Frömmigkeit" zu sprechen, die „sich mit jedem Tag vertieften" und sie für immer größere Gnaden empfänglich machte. Zugleich offenbarte sich, „... zu welch hoher Zeder diese kleine, vom Heiligen Geist bewässerte Pflanze heranwachsen sollte". *(LMaj, 66)*. Die hohe Zeder des Libanon steht hier, wie auch im Alten Testament, für (spirituelle) Größe und Stärke: „Der Gerechte gedeiht wie die Palme, er wächst wie die Zedern des Libanon." *(Ps 92, 13)*.

Du Rebe im Weinberg, von Gott gesetzt:

Nochmals verwendet *Raimund von Capua*, dem Stil seiner Zeit entsprechend, ein alttestamentliches Bild, um Katharinas Ausnahmestellung noch mehr hervorzuheben, und bringt es mit dem vorgenannten in Verbindung. So schreibt er etwas später: „Nach diesen ersten Jahren, in denen sich Caterinas Tugend so bewundernswert zu entfalten begann, wollte der allmächtige Gott die Rebe, die er jüngst in den Weinbergen von En-Gedi gepflanzt hatte, weiter nach oben führen, damit sie sich mit den Zedern des Libanon zur höchsten Höhe erhebe." *(LMaj, 80, nach Hld 1,13).*

Du Schatz im Acker der Kirche:
Zweimal kommt in der Litanei das Bild des „Schatzes" zur Sprache, jeweils in einer etwas unterschiedlichen Färbung. Hier geht es dabei im besonderen um das Bemühen des Biographen, die spirituelle Tiefgründigkeit Katharinas zu betonen, die nicht übersehen werden dürfe, und er mahnt, nicht an dem Schatz vorüber zu gehen, „... den wir im Acker dieser heiligen Jungfrau finden. Wir wollen gewissenhaft in die Tiefe graben, denn die Zeichen, die sich zeigen, lassen uns einen Reichtum von großer Fülle erhoffen". *(LMaj, 137, nach Mt 13,44).*

Du Frucht des Baumes, gepflanzt an Wasserbächen des Himmels:
Raimund von Capua berichtet immer wieder von Katharinas Standfestigkeit Anfechtungen gegenüber. Er begründet diese mit der Verwurzelung der „Frucht des Baumes", Katharina, im Himmel: „Doch die Bosheit täuschte sich selbst, denn womit sie die Frucht des Baumes, der an himmlischen Wasserbächen gepflanzt ist, zu vertilgen gedachte, damit verschaffte sie ihr noch mehr Entfaltung, denn der Herr hat Gedeihen gegeben." *(LMaj, 209).* Den Versuchungen ist die vom Heiligen Geist „bewässerte" Katharina nicht erlegen, jene haben sie vielmehr immer mehr gefestigt.

Du Turm des Libanon, zu unserem Schutz erbaut:
Der Biograph beginnt das 11.Kapitel seiner *„Legenda Major"* mit dem gewichtigen Satz: „Der Frieden bringende König hat zum Schutz Jerusalems den Libanonturm gegen Damaskus errichtet." *(nach Hld 7,5).* Hierbei handelt es sich um eine weitere Anspielung auf das alttestamentliche Hohelied, wo erhabene Stärke und Uneinnehmbarkeit der Braut unter anderem als „Libanonturm" beschrieben wird, der „... gegen Damaskus schaut, das heißt gegen den Feind". *(LMaj, 149).* Wieder ist *Raimund von Capua* kein biblisches Bild zu erhaben, als dass es nicht auf Caterina anwendbar wäre!

2.Strophe:

Du lieblicher Garten Gottes:
Die 2.Strophe beginnt mit einem eher wenig beachteten Wort *Papst Johannes XXIII.* über Katharina, zitiert durch *Papst Paul VI.* in dessen Apostolischem Schreiben *"Mirabilis in Ecclesia Deus"* anlässlich der Erhebung Katharinas zur Kirchenlehrerin, als er über ihre Schriften, das in Ekstasen entstandene Buch *„Dialog von der göttlichen Vorsehung"* und ihre überaus gehaltvollen *Briefe* (385 sind in Abschriften erhalten), spricht: „Und schließlich das gewichtige Zeugnis von *Johannes XXIII.*, auf dessen Aufforderung hin anlässlich der

500. Wiederkehr der Heiligsprechung der seligen Jungfrau alle Christgläubigen zu den heiligen Feiern eingeladen wurden... ‚Die Briefe aber und der Dialog sind auch für kommende Generationen und werden ihnen wie ein lieblicher Garten Gottes sein, in dem sie die himmlischen Geheimnisse, die erhabensten Tugenden und lieblichen Mahnungen gleichsam wie Balsam erquicken.'" *(LMin, 350)*.

Du starke Säule, auf festem Fels gegründet:

Ein weiteres Mal werden wir von *Raimund von Capua* an Katharinas außerordentliche Standfestigkeit und ihre mystische Verwurzelung in Gott erinnert: „Caterina war wie eine starke Säule, die der Heilige Geist so fest in der Liebe gegründet hatte, dass kein Sturm der Verfolgungen in der Lage war, ihre Miene auch nur im geringsten zu wandeln. Und das ist kein Wunder, denn sie war gegründet auf einem festen Felsen, wie es im Buch der Weisheit heißt: ‚Wie Grundfesten der Ewigkeit auf festem Felsen, so sind die Gebote Gottes im Herzen einer heiligen Frau' *(Sir 26,24)*. Ihre Seele hatte sich mit dem stärksten Felsen Christus, dem ewigen Fundament, so fest verbunden, dass sie die Satzungen Gottes unverrückbar im Herzen bewahrte." *(LMaj, 497f)*.

Du unvergleichlicher Schatz der Kirche:

Hier also begegnet uns auch das Bild des Schatzes wieder, wobei an dieser Stelle die Einzigartigkeit und Kostbarkeit des „Schatzes Katharina von Siena" besonders herausgestrichen wird, einerseits von *Raimund von Capua*, wenn er seine LeserInnen direkt anspricht: „Hemme deinen Schritt, liebster Leser! Gehen wir nicht an diesem unvergleichlichen Schatz vorüber." *(LMaj, 137)*

Auch *Papst Paul VI.* verwendet in seiner Homilie dieses Bild, setzt es in die Mehrzahl und bezieht es auf Katharinas Charismen für die Menschen unserer Zeit: „Darum muss die Wohltat jener geistlichen Schätze, die der Geist austeilt, auf alle Glieder des geheimnisvollen Leibes Christi überströmen." *(LMin, 330f)*. Immer noch ist Katharina in der Kirche wirksam!

Du Mystikerin edlen Geistes und göttlichen Gemüts:

In diesem Zusammenhang kommen gleich drei Päpste zu Wort. Dass Katharina „die erhabenen Gaben des edlen Geistes, des göttlichen Gemüts und des heiligsten Willens besessen" habe, dokumentiert schon *Papst Pius II.* in seiner Heiligsprechungsbulle „*Misericordias Domini*" *(LMin, 320)*.

Auch in der *Homilie Papst Pauls VI.* ist Katharina die „... Mystikerin des geheimnisvollen Leibes Christi, das heißt der Kirche" *(LMin, 332)*.

Eine präzisere Unterscheidung trifft *Papst Johannes Paul II.* in seinem Apostolischen Schreiben „*Amatissima Providentia*". Anlässlich des 600.Jahrestages des Heimganges Katharinas befindet sie sich „... gleichzeitig auf der Ebene der inneren Mystik und auf jener der äußeren Tätigkeit und der sozialen Mystik" *(LMin, 358)*. Zielsicherer hätte man Katharinas mystische Bedeutung kaum definieren können.

Du erhabene Seherin und Prophetin:

Das Charisma der Prophetie Katharinas durchzieht alle ihre Schriften sowie jene ihrer Zeitzeugen. So konnte *Papst Pius II.* zusammenfassen: „Sie hatte nämlich einen prophetischen Geist." *(LMin, 324).* Im Detail spricht er Katharinas „*Dialog*" an: „Das Buch ist charakterisiert durch prophetischen Geist, Ausgewogenheit des Denkens und Klarheit des Ausdrucks." *(LMin, 364).*

Katharinas prophetisches Charisma beschränkte sich nicht auf ihr Erdenleben, sondern ist auch in unseren Tagen aktuell, auch für die Amtsträger der Kirche! *Papst Johannes Paul II.* zitiert in seinem Apostolischen Schreiben eine „denkwürdige *Rede*", die *Papst Pius X.* im Jahr 1940 in der römischen Dominikanerkirche Santa Maria Sopra Minerva zu Ehren der beiden PatronInnen Roms, Katharina und *Franz von Assisi*, gehalten hat: *Papst Pius II.* erörtert: „.... wie Caterina unseren Zeiten vorauseilt, mit einem Handeln, das die katholische Seele weit macht und sie an die Seite der Amtsdiener des Glaubens stellt." *(LMin, 370)*

Du Begnadete des Wortes und der Wissenschaft:

Katharinas außerordentliches Charisma des Wortes und der Wissenschaft kommt in jeder Zeile ihrer Schriften zum Ausdruck. Deshalb bescheinigt *Papst Johannes Paul II.* ihr sogar „.... übermenschliche Weisheit" *(LMin, 371).* Und an anderer Stelle sagt der selbe noch schöner: „Denn in ihr ließ der göttliche Geist durch die Gaben der Weisheit, des Verstandes und der Wissenschaft... wunderbare Reichtümer der Gnade und der Menschlichkeit erglänzen." *(LMin, 356).*

Ausführlicher meldete sich hier vorher schon *Papst Paul VI.* in seiner Homilie zu Wort: „Das aber, was am meisten an der Heiligen auffällt, ist die eingegossene Weisheit, die leuchtende, tiefe, ja berauschende Assimilierung der göttlichen Wahrheiten und Glaubensgeheimnisse, wie sie in den Büchern des Alten Testamentes enthalten sind: eine Assimilierung, wie sie, durch einzigartige natürliche Fähigkeiten begünstigt, wohl nur einem mystischen Charisma, einem Charisma der Weisheit des Heiligen Geistes zu verdanken ist. Caterina von Siena stellt in ihren Schriften eines der leuchtendsten Modelle jener Charismen der Ermahnung, des Wortes der Weisheit und des Wortes der Wissenschaft dar..." *(LMin, 330).*

Und pointiert heißt es ein wenig später: „Ihre Briefe sind wie Funken mystischen Feuers." *(LMin, 331)*

Du Sängerin des Lobpreises des Kostbaren Blutes:

Das Kostbare Blut Christi bedeutet die Herzmitte der Mystik Katharinas, und es wird uns etwas später nochmals ausführlicher begegnen. An dieser Stelle sollen vorerst die Würdigungen *Papst Pauls VI.* zum Ausdruck kommen. So stellt dieser in seiner *Homilie* fest: „Sie war eine Sängerin des Lobpreises auf die erlösende Kraft des anbetungswürdigen Blutes des Sohnes Gottes." *(LMin, 331).* Und der selbe bekräftigt in seinem Apostolischen Schreiben: „Natürlich nehmen in der Unterweisung Caterinas die Kraft des Blutes Christi und die Aufgabe der Kirche den ersten Platz ein..." Und er bescheinigt ihr „... eine himmlische Weisheit, die sie ... beinahe zu Blut gewandelt hatte." *(LMin, 346f).* Dies lässt bereits erkennen, dass der Begriff des Blutes bei Katharina noch weiter gefasst ist, weswegen es umso nötiger sein wird, sich mit ihm weiter unten nochmals zu beschäftigen!

Du hervorragendste Lehrerin der Wahrheit und der Liebe:
Hier haben wir es mit einem Prädikat zu tun, das zwei Päpste zu Papier gebracht haben. Katharina wurde laut Apostolischem Schreiben von *Papst Paul VI.* „... von Gott mit so reichen Geschenken der Weisheit und des Wissens *(1 Kor 12,8)* überhäuft, dass sie zur hervorragendsten Lehrerin der Wahrheit wurde. Sie war sich im höchsten Maß bewusst, dass es nun ihre Aufgabe war, mit Hilfe dieser Gaben unter den Menschen die Wahrheit zu verkünden und die Liebe zu vermehren." *(LMin, 339).*
Später wird auch *Papst Johannes Paul II.* die „... Lehrerin der Wahrheit und der Liebe" in sein Apostolisches Schreiben übernehmen. *(LMin, 365).*

Du Meisterin des Wortes für Ungebildete und Gelehrte:
Katharina hatte die Gabe, für jede und jeden das passende Wort, den richtigen Ton zu treffen, für Menschen aus dem Volk, für Analphabeten, wie auch für Hochgebildete, und das bis hinauf zu den Kardinälen und zum Papst. Zahlreiche, in der Diktion oft höchst erstaunliche, mutige Schreiben geben davon Zeugnis.
Daneben hatte sie eine geistliche Familie, ihre „famiglia", um sich versammelt, die sich aus Amtsträgern, ihren Mitschwestern und anderen Ordensleuten, ihren Sekretären, wie auch Menschen aus dem Volk zusammensetzten. „In dieser Familie waren Männer und Frauen jeglichen Ortes und Standes", lesen wir auch im Apostolischen Schreiben von *Papst Paul VI.*, „ebenso Ordensleute und Prälaten, Lehrer und Theologen, die nicht nur Caterinas Menschlichkeit und der Ruf ihrer Wunder gefangen nahm, sondern auch - und dies am allermeisten – das Licht eines Geistes, einer Begabung und eines Rates, der von oben erleuchtet war." *(LMin, 331).*

Du Trost und Hilfe für Heilige und Sünder:
In ihrem Charisma, alle, die ihr begegneten oder ihr auch nur schrieben, ganz individuell anzusprechen, ließ Katharina Ungezählten Trost und Hilfe angedeihen, egal, ob sie fest im Glauben standen oder in schwerer Schuld lebten. Der konkreten Zeugnisse davon sind es viele in ihren Biographien, so dass *Papst Paul VI.* in seinem Apostolischen Schreiben festhält: „Denn wie... ein und der selbe Geist einem jeden seine besondere Gabe zuteilt, wie er will *(1 Kor 12,11),* so muss auch allen Gliedern des mystischen Leibes Christi zuteil werden, was immer es an himmlischen Schätzen des Heiligen Geistes gibt *(1 Kor 11,5, Röm 12,8, 1 Tim 6,2, Tit 2,5).* Das ist nämlich der Grund, weshalb aus den Schriften und Beispielen der Jungfrau von Siena die Nachfahren ebenso ausführlich

schöpften wie die Zeitgenossen..., Heilige wie auch Sünder." *(LMin, 345)*. Wieder spannt der Papst den Bogen von den ZeitgenossInnen Katharinas bis in unsere Tage und betont die Aktualität ihrer Wirksamkeit bis in unsere Zeit.

3.Strophe:

Du Zeugin der unermesslichen Barmherzigkeit Gottes:
In der 3.Strophe begeben wir uns gleich in den Brennpunkt des Wirkens Katharinas hinein: die unermessliche Barmherzigkeit Gottes. Sie wird in ihrem faszinierendem Gleichnis von Christus als „Brücke", die sich vom Himmel zur Erde spannt, besonders deutlich. *(Dialog, Kap 166, 245f)*. So legt sie Christus selbst in den Mund: „Auf der Brücke liegt auch die Herberge im Garten der Kirche, die das Brot des Lebens verwaltet und spendet und das Blut zu trinken gibt, damit die wandernden Pilger, meine ermüdeten Geschöpfe, nicht vollends ermatten. Deshalb hat meine Liebe angeordnet, dass euch das Blut und der Leib meines eingeborenen Sohnes, der ganz Gott und ganz Mensch wurde, gereicht werde." Schließlich ist die Brücke noch „mit Erbarmen überdacht": Kein müder Pilger bleibt nach dem Willen des Herrn ungespeist.
Nach Katharina ist Gottes Heilswille geprägt von grenzenlosem Erbarmen mit den Menschen und schrankenloser Barmherzigkeit. „Verbergt euch unter den Flügeln seiner Barmherzigkeit! Denn er ist mehr bereit zu verzeihen, als ihr überhaupt sündigen könnt!" *(BMKI, Brief 173, 438)*. Allerdings soll der Mensch - dem Wort Jesu nach *(Mt 7,7)* - „... um Barmherzigkeit anklopfen" *(BMKII, Brief 331, 113)*. Er soll in barmherzigem Handeln im Geiste stellvertretender Sühne für die anderen eintreten; das Urteilen hingegen soll Gott allein überlassen bleiben. Später wird darauf noch einmal einzugehen sein.

Du Heilerin der Kranken und Sterbenden:
Katharina wurde leibhaftige Zeugin für den Heilswillen Gottes, der offenkundig geworden ist in Menschwerdung und Erlösung durch Jesus Christus. So besaß sie die Gabe der Heilung von körperlichen und seelischen Erkrankungen, wobei die Heilung ihres Beichtvaters und späteren Biographen, *Raimund von Capua*, von der Pest zu den berührendsten Berichten zählt, so dass sie, stellvertretend für viele andere Heilungen, hier zusammengefasst werden soll:
„Ein maßloser Schrecken erfasst ihn, als er - angesteckt auf seinen, von Caterina eingeforderten Krankenbesuchen - die Geschwulst einer Pestbeule ertastet. Durch sein Zeugnis erhalten wir einen einzigartigen Einblick in das Heilungsgeschehen. Raimund ist bereits nicht mehr in der Lage, das Bett zu verlassen. ,Als sie dann kam und mich in diesem üblen Zustand fand und von meinem Leiden gehört hatte, beugte sie sogleich vor meinem Lager das Knie, berührte mit der Hand meine Stirn und begann in ihrer gewohnten Weise wortlos

zu beten. Während sie betete, sah ich sie ihrer Sinne entrückt, wie ich sie bei anderen Gelegenheiten oft gesehen hatte... Während sie also etwa eine halbe Stunde so verharrte, spürte ich in allen Gliedern meines Körpers eine völlige Veränderung... Vielmehr schien es mir, als würde gleichsam mit Gewalt etwas aus den Gliedern meines Leibes herausgezogen. Ich begann mich besser zu fühlen... Was soll ich noch mehr sagen? Noch ehe die heilige Jungfrau aus ihrer Ekstase wieder erwachte, war ich völlig geheilt. Nur eine gewisse Schwäche blieb zurück, wohl als Zeichen der überstandenen Krankheit. Oder wegen der Schwäche meines Glaubens?' Caterina ordnet an, ihm etwas zu essen zu bringen, und er empfängt die Stärkung aus ihren Händen. Daraufhin lässt sie ihn noch ein wenig ausruhen. ‚Als ich mich wieder erhob, war ich so gestärkt, als hätte ich nichts gelitten. Sie merkte es und sagte: ‚Geht an das Werk zum Heil der Seelen und dankt dem Allerhöchsten, der Euch dieser Gefahr entrissen hat!'' Keinen Moment lang ‚genießt' sie die Wirkung dieser Heilung oder auch nur Raimunds Dankbarkeit, unverzüglich wendet sie sich wieder ihrem Heilswirken zu." *(Heise, 29f, nach LMaj, 319f).*

Du Ermutigung der Schwachen und Betrübten:
An dieser Stelle - eine Anrufung, die eine logische Schlussfolgerung aus den vorangegangenen Prädikaten darstellt - können wir uns kürzer fassen und uns darauf beschränken, ein sensibles Wort *Papst Johannes Pauls II.* aufzugreifen, wenn er von Katharinas „Zärtlichkeit" spricht „... beim Bestärken von Schwachen. Hier ist nichts Dürftiges oder Konventionelles, sondern echte Kraft auch in der Frömmigkeit." *(LMin, 364).*

Du Erleuchtete in der Erkenntnis der Seelen:
Katharinas Wirken konnte auch deshalb außerordentliche Fruchtbarkeit gewinnen, weil sie die Gabe der Erkenntnis der Seelen, der Seelenschau, besaß, so dass einer ihrer Sekretäre später, anlässlich ihres Heiligsprechungsprozesses, aussagen würde: „Wir konnten vor ihr nichts verbergen, vielmehr offenbarte sie uns, was wir als unsere Geheimnisse angesehen hatten." *(LMaj, 206).*
Nachfolgend soll erstmals der zweite gewichtige Biograph Katharinas zur Sprache kommen, *Tommaso Caffarini*, ehemaliger Gefährte Katharinas und späterer Begründer eines Dokumentationszentrums Katharinas in Venedig. Er hat in seiner „*Legenda Minor*" eine Kurzfassung der Biographie *Raimunds von Capua* erstellt und es sich zur Lebensaufgabe gemacht, Katharinas Leben und Wirken zu dokumentieren. Und in seinem „*Supplementum*" hat er ergänzend alles zusammengefasst, was ihm über *Katharina* noch erinnerlich gewesen ist. Katharinas Seelenschau reichte über physisch anwesende Personen hinaus; es genügte, ihr über Dritte seine Not zu schildern oder einen Brief zu schreiben, wie im Falle eines Ordensmannes: „... als wäre der Mönch persönlich vor ihr

gewesen und hätte ihr das Geheimnis seines Herzens bis aufs Letzte enthüllt". *(Suppl, 83)*

Du Umkehr der Sünderinnen und Sünder:

Katharina bewies auf Grund ihrer außergewöhnlichen Sendung eine ganz außergewöhnliche Haltung SünderInnen gegenüber. So „roch" sie die Sünde sogar physisch von Avignon bis Siena und drängte den Papst immer wieder dazu, das „Unkraut" der Laster aus dem „Garten" der Kirche auszureißen und „duftende Blumen" zu pflanzen. *(BMKII, Brief 206, 364, u. Brief 291, 436).*
Wie bereits ausgeführt, begegnete Katharina den SünderInnen, die zu ihr kamen, überaus barmherzig, da sie in der Sünde - obwohl eine „faulende Wunde" - einen „verborgenen Sinn" erkannte. *(BMK I, Brief 219, 145f; Suppl 62).*

Du Bezwingerin des Feindes:

In diesem Zusammenhang ist zu erinnern an den eingangs betrachteten „Engel vom Himmel", der „mit der Kette der Tugenden" Satan fesselte. Hier kommt es nun zur Konkretisierung dieses Gleichnisses, denn es wurde Katharina auch die Gabe zuteil, einzelne Mitmenschen von Besessenheit zu befreien - ein Charisma, dem sie allerdings lieber entfliehen wollte mit der Bemerkung: „Mir reicht schon der Kampf, die die Dämonen gegen mich führen, da brauche ich nicht auch noch die bösen Geister der anderen!" Ausführlich wird von einem Fall berichtet, in dem man eine „zufällige" Begegnung herbeiführte, Katharina förmlich überrumpelte und sie - vor vielen Zeugen - eine Austreibung bewirkte. *(LMin 198-202, zusammengefasst in: Heise, 30f).*

Du Ermahnerin der Lauen:

Lassen wir einmal mehr *Papst Johannes Paul II.* sehr treffend zu Wort kommen: „Hier brennt eine beständige Leidenschaft für den Menschen, der Ebenbild Gottes ist und zugleich Sünder..., lebt ein Geist, der empfindsam ist für alle Mühsale der Menschheit, eine glühende Vorstellungskraft, ein Glaube, der das Wort glühend macht beim Aufzeigen von Fehlhaltungen, der es aber süß macht bis zur Zärtlichkeit beim Ermahnen von Lauen." *(LMin, 363f).*

Du Meisterin der Askese:

Angetrieben durch den Heiligen Geist, entwickelte Katharina schon in früher Kindheit eine starke Neigung zur Askese, die sich später immer mehr vertiefen sollte. Jahrelange Zurückgezogenheit vor Beginn ihres öffentlichen Wirkens und freiwillig gewählter Schlaf- sowie (später zusätzlich) Nahrungsentzug führten Katharina in eine außerordentliche spirituelle Tiefe, aus der ihre außergewöhnliche Wirksamkeit zum Heil so vieler Menschen - bis heute! - entspross. *(LMaj, 162; 496f)*.

Du Mahnerin der Päpste, Bischöfe und Priester:
In zahlreichen Briefen hat Katharina Bischöfe und Priester, ja sogar Kardinäle und die beiden zu ihrer Lebenszeit amtierenden *Päpste, Gregor XI.* und *Urban VI.*, zu mehr spiritueller Tiefe und Barmherzigkeit ermahnt. So soll der Papst „weise regieren" *(BMKII, Brief 370, 471f)*, die „Fäulnis" in der Kirche entfernen, um nicht sein „Gewissen zu belasten", und schließlich: „Ihr könnt und müsst wenigstens Eure Pflicht tun und das Euch Mögliche dazu beitragen, um den Schoß der heiligen Kirche rein zu waschen." *(ebd, Brief 467, 466)*. „Verschafft den quälenden Wünschen Eurer Diener, die vor Kummer vergehen und doch nicht sterben können, Erleichterung!... Mit Sehnsucht warten sie darauf, dass Ihr als wahrer Hirte Hand anlegt an die Erneuerung - und zwar nicht nur mit Worten, sondern durch Taten." *(ebd., Brief 291, 437)*. „Ich bitte Euch, lieber Vater, gebraucht Eure Autorität und Macht! Gebraucht sie voll Eifer und zum Heil der Seelen!" *(ebd., Brief 206, 364)*.
Zusammenfassend sagt *Papst Paul VI.* in seiner Homilie dazu: „An Kardinäle sowie an viele Bischöfe und Priester richtete Caterina ebenfalls drängende Mahnungen; sie hielt dabei auch nicht mit kräftigem Tadel zurück, der freilich immer beseelt war von echter Demut und von der Hochschätzung vor der Würde der Diener des Blutes Christi." *(LMin, 333)*.

Du Vermittlerin des Friedens:
Nicht zu vergessen ist Katharinas politische Bedeutung in Italien! *Papst Paul VI.* resümiert: Es „... versuchte die heilige Jungfrau alles, um die Städte davon abzuhalten, auf Grund ihres untereinander bereits geschlossenen Vertrages gegen den Heiligen Stuhl vorzugehen. Mit allen Kräften bemühte sie sich, die Stadt Florenz mit dem Papst zu versöhnen, nachdem er über sie das Interdikt verhängt hatte. Dazu veranlasst kam es dazu, dass Caterina einen langen und überaus beschwerlichen Weg auf sich nahm und nach Avignon reiste... So groß war die Frömmigkeit dieser Jungfrau, ihr Eifer und ihre Weisheit, dass sie den Papst nicht nur zur Milde stimmte, sondern ihn auch dahin brachte, nach Rom zurück zu kehren, dem Sitz und Wohnort des Stellvertreters Christi.... Dann begab sie sich nach Pisa und ins Orcia-Tal, wo sie über göttliche Themen sprach und auch einige zerstrittene Mitglieder der Familie Salimbeni wieder besänftigte. Aus dem selben Grund ist die Vermittlerin des ersehnten Friedens bald darauf nach Florenz aufgebrochen. Dort hat sie, nach Überwindung zahlreicher Schwierigkeiten und vielfältiger Gefahren, die Bürger dieser Stadt mit dem höchsten Pontifex *Urban VI.*, der inzwischen *Gregor XI.* in die Leitung der Kirche nachgefolgt war, zu versöhnen." *(LMin, 341f)*.

4. Strophe:

Du Jungfrau von glänzendem und unvergänglichem Gedenken:
Die letzte Strophe der Litanei zur heiligen Katharina von Siena beginnt mit einem, beinahe möchte man sagen „schillernden", Zitat *Papst Pius II.*: Von der „erleuchteten und für immer gepriesenen Jungfrau" steigert er seinen Lobpreis Katharinas bis hin zur „Jungfrau von glänzendem und unvergänglichen Gedenken", wobei letzteres Prädikat von *Papst Johannes Paul II.* nochmals aufgegriffen wird *(LMin 326 u. 370)*.

Du Spiegel der Ewigen Schönheit:
Auf Grund ihrer Gabe der Seelenschau vermochte Katharina die „potentielle Schönheit" der menschlichen Seele, ohne Verunstaltung durch die Sünde, zu sehen.*(LMaj, 205f)*. Sie ist der Spiegel der Schönheit Gottes selbst.
„Als Gott in sich hineinblickte", schreibt Katharina, „verliebte er sich in die Schönheit seiner Geschöpfe und wurde so sehr hingerissen vom Feuer seiner unschätzbaren Liebe, dass er uns erschuf." *(BMKII, Brief 28, 274)*. Gott hat den Menschen „nur dazu" geschaffen, um als Abbild seiner Schönheit ihn, die Schönheit selbst, im ewigen Leben zu schauen und sich ewig an ihm zu freuen! *(BMKII, Brief 223, 276)*.
Die Seele als Spiegel der ewigen Schönheit Gottes: Ein Prädikat, das der Autorin der Litanei ein ganz besonderes Anliegen darstellt.

Du Autorin der Vorsehung Gottes:
Das zweite Prädikat, das der Autorin der Litanei sehr am Herzen liegt: Katharina von Siena als Frau und Autorin der Vorsehung Gottes! Bereits *Caffarini* - im 14.Jahrhundert! - getraute sich in seiner Biographie die „.... Beständigkeit ihrer Grundsätze, die Bedeutsamkeit ihrer Rede, die Klugheit der Urteile sowie die Feinheit ihrer theologischen Gedanken" in ihren Briefen zu preisen. Und er fährt fort: „Etwas später, gegen Ende ihres kurzen Lebens, diktierte Caterina in ekstatischem Zustand ein Buch - im Volksmund ‚*Dialog von der göttlichen Vorsehung'* genannt -, dessen ganzer Aufbau darin gelegen ist, dass ihre Seele fragt und Gott der Fragenden Antworten gibt. So geschieht es, dass der ewige Vater des Himmels vieles von dem, was sich auf das ewige Leben bezieht, - sei es im einzelnen oder die ganze Kirche betreffend - Caterina erklärt... Was sie schrieb, ist außerdem ein ruhmvolles Beispiel und Denkmal jener Gnaden, die in Worten der Aufmunterung, Weisheit und Wissenschaft bestehen, wie sie nach dem Zeugnis des *hl.Paulus* in der ersten Zeit der Kirche wirksam waren... Daher ist es Recht, auf Caterina die Worte des Sohnes des ewigen Vaters zu übertragen: ‚Meine Lehre stammt nicht von mir, sondern von dem, der mich gesandt hat.' *(Joh 7,16)*... Denn nicht darum ging es der heiligen Jungfrau, ein menschliches und oberflächliches Wissen zu vermitteln, sondern eine himmlische Weisheit,

die sie - aus den Schriften genommen - beinahe zu Blut gewandelt hatte..." *(LMin, 344-346)*.

In ihrer „ihr eigenen und geradezu einzigartigen Weise" schreibt Katharina „... zu Recht: ‚Ich lade euch ein, in dieses einzig friedvolle und tiefe Meer glühendster Liebe hinein zu tauchen. Ich habe das jetzt aufs neue erlebt - nicht weil das Meer selbst neu ist, sondern weil es für mich neu ist im Gefühl meiner Seele - beim Bedenken des Wortes: Gott ist die Liebe.'" *(LMin 346, zu Brief 146, dieser: BMKI, 43)*.

Auch zu Katharinas „*Dialog*" findet sich ein förmlich „schillerndes" Wort, hier aus der Feder *Papst Johannes Pauls II.*: „Mit feiner psychologischer Intuition wirft sie Lichtbündel auf den Weg der Vollkommenheit... Die Weite der Perspektiven, die zusammenhängenden Erfahrungsanalysen und die funkelnden Bilder und Begriffe machen aus diesem Werk ‚ein Kleinod der religiösen italienischen Literatur' *(E.Underhill, Mysticism. 467).*" *(LMin, 365)*.

Gleich anschließend geht der selbe Papst noch auf die von Katharina erhaltenen *Gebete* ein: „Schließlich gibt es noch die ‚*Gebete*', die man in den letzten Lebensjahren von ihren Lippen erntete, als die Heilige ihre Seele und ihre Sehnsucht im unmittelbaren Sprechen mit dem Herrn ausgoss. Es sind echte Improvisationen, die spontan aufsteigen aus dem in göttliches Licht getauchten Geist und aus dem Herzen, das Schmerz empfindet über das Elend der Menschen." *(LMin, 365)*.

Du Mystikerin des Allerheiligsten Sakraments des Altares:

Die dritte Anrufung, auf die die Autorin der Litanei größten Wert legt! Katharina drängt es, als „Mystikerin des Allerheiligsten Sakraments des Altares" der Kirche von heute eine wahrhaft entscheidende Hilfe anzubieten!

Katharina definiert die Eucharistie vom Begriff des Blutes und der Menschwerdung Christi her: „Nur das Blut kann unseren Hunger stillen, denn das Blut wurde vermischt und geknetet zu einem Teig mit der ewigen Gottheit." *(BMKI, Brief 87, 216)*.

Der Kommunionempfang (dem möglichst häufige Beichten vorausgingen) war bei Katharina stets begleitet von Ekstasen und Visionen, oft vor zahlreichen Zeugen; *Caffarini* gibt sie im *Supplementum* gesammelt wieder. So hat Katharina Christus auf geheimnisvolle Weise im Brot „gesehen" *(LMin, 136)* und konnte eine konsekrierte von einer unkonsekrierten Hostie unterscheiden *(LMin 136)*. Als sie einmal nach dem Brechen der Hostie Blut an den Händen des Priesters gewahrte und Christus nach dem Sinn ihrer eucharistischen Visionen fragte, wurde ihr gesagt: „Nicht deinetwegen, sondern um anderer willen, die dir glauben werden." *(Suppl, 92)*. Schließlich ernährte sich Katharina jahrelang nachweislich nur mehr von der Eucharistie und klarem Wasser *(LMaj, 496f)*, wodurch sie uns zu einem lebendigen Zeichen der Unverzichtbarkeit des leiblichen Empfanges der Eucharistie, einer „wahren Speise" und eines „wahren Trankes" *(Joh 6,55)*, geworden ist.

Du wunderbare Hilfe für die Kirche unserer Zeit:
Wir kommen zum ersten von drei Prädikaten, die die Aktualität Katharinas „für die Kirche unserer Zeit" aufzeigen.
Nach *Papst Paul VI.*, Apostolisches Schreiben, „... erhoffen wir uns dadurch eine wunderbare Hilfe für die Kirche unserer Zeit." *(LMin, 339)*.
Papst Johannes Paul II. holt in den Schlussworten seines Apostolischen Schreibens weiter aus: „Die außergewöhnliche Rolle, die Caterina von Siena gemäß den geheimnisvollen Plänen der göttlichen Vorsehung in der Heilsgeschichte spielte, hat sich nicht erschöpft in ihrem seligen Hinübergang in die himmlische Heimat. Denn sie fuhr fort, in der Kirche heilsamen Einfluss auszuüben, sei es durch ihre leuchtenden Tugendbeispiele, sei es durch ihre wunderbaren Schriften. Daher haben die Päpste, meine Vorgänger, einmütig ihre immerwährende Aktualität gepriesen, wobei sie sie beständig den Gläubigen zur Bewunderung und Nachahmung vorstellten." *(LMin, 369f)*.

Du leuchtendes Beispiel für alle Gläubigen:
Wieder betont ein Papst Katharinas Aktualität auch heute: In der Homilie *Papst Pauls VI.* ist Katharina in ihrer Botschaft eines „... ganz lauteren Glaubens, einer demütigen und großmütigen Hingabe an die Kirche heute... ein leuchtendes Beispiel für alle, die sich rühmen, zu dieser Kirche zu gehören." *(LMin, 335)*.

Du Mutter und Freundin aller, die auf dich hoffen:
„... so stellen wir tatsächlich fest", resümiert *Papst Paul VI.* in seinem Apostolischen Schreiben, „dass Caterina - obgleich sie aus dem Volk war, keine Schule besucht hatte und kaum schreiben oder lesen konnte - so viele Beispiele himmlischer Weisheit von sich gab und in ihrem Sprechen derart erleuchtet war, dass sie eine einzigartige Familie von Schülern anzog, die wie Kinder die Nahrung für den Geist aufsaugten und sie mit dieser süßen Bezeichnung der Italiener „Mamma", d.h. Mütterchen, nannten. Diese waren aber nicht nur durch Arbeit und Studium bereit zu apostolischen Unternehmungen und zu Werken der Nächstenliebe, sondern sie überließen sich gänzlich dem Heiligen Geist, der in ihr sprach *(vgl. Mk 13,11)*." *(LMin, 343)*.
Katharina selbst war es, die auf ihrem Sterbebett zugesagt hat: „Euch aber verspreche ich fest, dass ich euch nach meinem Tod nützlicher sein will, als ich es je war und sein konnte, so lange ich mit euch in diesem dunklen Leben voll Elend war." *(LMaj, 449)*.

Du Schutzengel der Kirche:
So gewichtig das Prädikat eines „Schutzengel der Kirche" auch sein mag, so erstaunlich nebenbei flicht es *Papst Johannes Paul II.* in seine Ausführungen

ein: „An solcher Logik hat sich die ganze Tätigkeit dieses Schutzengels der Kirche inspiriert zu Gunsten der römischen Papstwürde." *(LMin, 389)*.

Umso interessanter ist der Zusammenhang, in den das Prädikat gestellt ist: die Rolle des Papstes, des „Christus auf Erden", bei Katharina! Vorangestellt ist u.a. ein Zitat aus ihrem *Brief 313*, in dem der Papst als „Verwalter" (anderswo auch als „Kellermeister" oder „Türhüter", niemals aber „Besitzer)" des „Blutes" dargestellt ist. *(s. auch BMP, Brief 313, 342, sowie BMKII, Brief 291, 435; Brief 239,398; Brief 305, 551f)*.

Du Patronin Europas:

Wir kommen nun zu den beiden höchsten Titeln, die Frauen in der Kirche jemals verliehen worden sind (und die Katharina von Siena als einzige *beide* trägt).

Am 1.Oktober 1999 proklamierte *Papst Johannes Paul II.* Katharina, zusammen mit *Birgitta von Schweden* und *Edith Stein*, zur Patronin Europas.

Du Lehrerin der gesamten Kirche:

Bereits am 4.Oktober 1970 hatte *Papst Paul VI.* Katharina zur wohl höchsten Ehre und Kompetenz in der Kirche erhoben und, zusammen mit *Teresa von Avila*, zur (ersten weiblichen) Kirchenlehrerin erklärt. Es sollten bis heute noch zwei weitere weibliche Kirchenlehrerinnen folgen: *Therese von Lisieux* und *Hildegard von Bingen*.

Im Apostolischen Schreiben anlässlich der Erhebung Katharinas zur Kirchenlehrerin heißt es: „Die Heilige Caterina von Siena ist würdig, von uns in die Liste der Kirchenlehrer eingetragen zu werden... In sicherem Wissen und reiflicher Überlegung sowie aus der Fülle apostolischer Macht erklären wir die Heilige Caterina von Siena, Jungfrau von Siena, zur Lehrerin der gesamten Kirche." *(LMin, 352)*.

Zu den theologischen Begriffen Katharinas im Fürbittgebet:

Vorauszuschicken ist, dass die drei folgenden Begriffe bei Katharina untrennbar miteinander verbunden und auch nur im Gesamtzusammenhang in ihrer ganzen Tragweite richtig zu verstehen sind, was in der gegenständlichen Litanei vielleicht erstmals klar zum Ausdruck und zum richtigen Verständnis kommt - vor allem im Hinblick auf die Eucharistie.

Liebendes Verlangen:

Der Begriff des „Liebenden Verlangens" ist ein Hauptthema in Katharinas Theologie.

Katharina geht davon aus, dass sich unsere Sehnsüchte, letztendlich die Sehnsucht nach Liebe, auf Erden nie ganz erfüllen lassen, auch wenn wir einer (oft vermeintlichen) Erfüllung mit allen uns zur Verfügung stehenden Mitteln nachjagen. So ist auch Liebe nie ganz frei von Sehnsucht, einer Sehnsucht nach „mehr" oder „noch mehr", selbst in der glücklichsten menschlichen Beziehung. Diese Sehnsucht nach Liebe, ganz auf Gott ausgerichtet, durchzieht als „liebendes Verlangen" das gesamte Leben und Wirken Katharinas.

Fakt ist für Katharina: Die menschliche Seele vermag nie vollends glücklich zu sein, bevor sie nicht mit Gott vereint ist, da sie *auf unendliche Liebe ausgerichtet* ist und *ohne Liebe nicht leben kann* - auch wenn es „ungeordnete Liebe" *(BMKI, Brief 287B, 388)* ist.

Die größtmögliche Stillung unseres liebenden Verlangens auf Erden geschieht in der Vereinigung mit Gott im Allerheiligsten Sakrament, der *Eucharistie.* Das liebende Verlangen vergleicht Katharina deshalb mit einer Kerze, die erst durch den Empfang der Eucharistie entzündet werden kann. *(Dialog, Kap. 110, 143).* Anderenfalls wären wir „eine Kerze ohne Docht, die weder brennen noch Licht empfangen kann." *(vgl. Heise, 102-105).*

Stellvertretende Sühne:

Auch Stellvertretung, stellvertretendes Leiden, nimmt in Katharinas Leben, Wirken und in ihrer Lehre einen zentralen Platz ein. Denn nicht allein Leiden und Krankheiten anderer bewirkten in Katharina „Mitleid" (heute würden wir das italienische „compassione" bei Katharina besser übersetzen mit „Empathie"), sondern auch die Sünden und Schwächen anderer. „Ich aber weiß genau", betet sie zu Gott, „was ich tun soll: Ich werde alle unsere Mühsale mit dem geliebten Sohn (Jesus) ertragen und hintreten zu deinem grenzenlosen Erbarmen." *(Suppl, 60).*

Die *Amtsträger* fordert Katharina auf, den Beichtenden *keine unerträglichen (womöglich lebenslänglichen) Lasten aufzubürden*, sondern *die Buße auf sich zu nehmen*: Die Versagenden, ja sogar die schweren SünderInnen, werden so „herausgezogen" aus ihrer Schuld. *(Dialog, Kap. 119, 158; Heise 174-179).*

Eines ihrer anspruchsvollsten Bilder bringt die stellvertretende Sühne mit dem liebenden Verlangen in Zusammenhang: Das „Seelen Verspeisen am Tisch des Kreuzes" „mit dem Mund des heiligen Verlangens" *(Dialog, Kap. 76, 94).*

Kostbares Blut Jesu Christi:

Katharina war durch ihre mystischen Erfahrungen und ihre Stigmatisierung vom Blut Christi über alle Maßen geprägt. Selbst wenn die Stigmatisierung auf Wunsch Katharinas unsichtbar geblieben ist, können wir doch von einer ständig präsenten, körperlichen Erfahrung mit dem Blut Christi ausgehen. Erinnert werden wir dabei an Paulus: „Zieht an Jesus Christus als Kleid!" *(Röm 13,14).* Katharina war buchstäblich mit dem Blut Christi bekleidet!

Das Blut Christi erlebt Katharina als mit „Feuer" vermischt - mit dem Heiligen Geist auf Grund der Einheit Christi mit der göttlichen Natur. In der Menschwerdung Jesu hat der Heilige Geist das menschliche Blut „angerührt" und die Vereinigung von Gottheit und Menschheit zum Neuen Bund in seinem Blut bewirkt. *(Heise, 232f).*

Der Begriff des Blutes - obwohl weiter gefasst - ist bei Katharina *immer im Zusammenhang mit der Eucharistie zu sehen*. Wie schon weiter oben bemerkt, ist für Katharina der Papst der „Verwalter", „Kellermeister" oder „Türhüter" zum Kostbaren Blut.

Das „Blut" hat bei Caterina aber auch eine übergeordnete Bedeutung. So spricht sie davon, wir sollen „das Gedächtnis mit Blut füllen" *(BMKI, FN5, 20)*. Hier geht es, über die Eucharistie hinaus, um die Wohltaten Gottes überhaupt. Wir sollen uns bemühen, immer im Gedächtnis zu behalten, was Gott uns Gutes getan hat; sollen dadurch die Beziehung zu Gott lebendig erhalten, um an Liebe und Dankbarkeit ihm gegenüber zu wachsen. „Bewahrt euch die ständige Erinnerung an das Blut, jenen Preis, mit dem ihr so liebevoll erkauft wurdet." *(BMKII, Brief 261, 149)*.

Nun kommen wir zum **Kontext aller drei Begriffe:**
Die Priester sollen „freigiebig sein" und *„das Blut"*, die Eucharistie, *„... jedem spenden, der sie demütig darum bittet."* *(Dialog, Kap 114, 147)*. Sie dürfen, ja sollen dies tun, da ja *sie selbst, die Amtsträger, die Buße der SünderInnen in stellvertretender Sühne auf sich nehmen sollen*. Die häufige Beichte schließt Katharina dabei mit ein (sie selbst beichtete am liebsten täglich!). Tatsächlich *„würdig"*, das Kostbare Blut des Gottessohnes zu empfangen, ist bei Katharina *niemand*. Die eigene Unwürdigkeit ist kein Grund, nicht zu kommunizieren: „Willst du warten, bis du würdig bist? Warte nicht, denn du bist weder am Anfang noch am Ende würdig! Trotz all unserer Gerechtigkeit werden wir nie würdig sein. Aber Gott ist würdig, und mit all seiner Würde macht er uns würdig... Wenn wir die Kommunion unterlassen, weil wir uns nicht würdig fühlen und meinen, die Sünde meiden zu können, werden wir erst recht in Sünde fallen." *(LMaj, 382)*.

Ausschlaggebend für den Empfang ist - neben dem rechten Glauben - *das liebende Verlangen danach*, die Sehnsucht nach Gott, die es durch Gebet und Buße zu nähren gilt. So ist die Eucharistie schuldig Gewordenen und Gescheiterten besonders zugedacht: „So groß wird euer Anteil... an den Gnadengaben des Sakramentes sein, als die Sehnsucht groß ist, mit der ihr bereit seid, es zu empfangen." *(Dialog, Kap 110, 143)*. *(Heise, 316ff)*.

In diesem Sinne trägt das Fürbittgebet am Ende der Litanei ein sehr dringendes, zeitgemäßes Anliegen vor Gott!

Verzeichnis der Quellen und Abkürzungen

<u>Wenn nicht anders angemerkt, stammen die Beiträge in diesem Buch aus:</u>

Irene Heise, Caterina von Siena - Gebt ihnen zu ESSEN!
Die mystisch-theologische Kompetenz der Kirchenlehrerin
und Patronin Europas als Schlüssel für eine befreiende
Sakramentenpraxis,
Verlag Irene Heise, Wien, in Kooperation mit Kunstverlag The
Best, Grafik & Design, Wels, 3.Auflage 2011, 325 S.
bzw. aus: **www.caterina-von-siena.de**

<u>Quellenangaben und Abkürzungen:</u>

Dialog **Caterina von Siena, Gespräch von Gottes Vorsehung**,
eingeleitet von E.Sommer v. Seckendorff u. H. Urs v. Balthasar,
Johannes Verlag, Einsiedeln, 4.Aufl. 1993, 253 S.

LMaj **33 Jahre für Christus. Raimund von Capua, Das Leben der**
hl.Caterina von Siena,
Hg.: Werner Schmid, Übers.: Dr.Josef Schwarzbauer,
Verlag St.Josef, Kleinhain, 2006, 540 S.
Das Werk ist *die komplette, deutschsprachige Ausgabe der*
„Legenda Major" *des Raimund von Capua!*

LMin **Tommaso Caffarini, Caterina von Siena. Erinnerungen eines**
Zeitzeugen. Die Legenda Minor,
samt **Anhang - Das Zeugnis der Kirche**, Päpstliche Dokumente
in deutscher Übersetzung, samt Kurzkommentaren, S. 320 - 372.
Hg.: Werner Schmid, Verlag St.Josef, Kleinhain, 2001, 400 S.

Suppl **Tommaso Caffarini, Das Supplementum. Biographische**
Ergänzungen zu Caterina von Siena,
Hg.: Werner Schmid, Übers.: Dr.Josef Schwarzbauer, Verlag
St.Josef, Kleinhain, 2005, 463 S.
Das Werk ist *die erste deutschsprachige Übersetzung über-*
überhaupt und eine neu zu erschließende Quelle!

BMKI **Caterina von Siena. Sämtliche Briefe. An die Männer der Kirche I,**
Hg.: Werner Schmid, Verlag St.Josef, Kleinhain, 2005, 557 S.

BMKII **Caterina von Siena. Sämtliche Briefe. An die Männer der Kirche II,**
Hg.: Werner Schmid, Verlag St.Josef, Kleinhain, 2005, 544 S.

BO **Caterina von Siena. Sämtliche Briefe. An die Ordensfrauen,**
Hg.: Werner Schmid, Verlag St.Josef, Kleinhain, 2007, 423 S.

BMP **Caterina von Siena. Sämtliche Briefe. An die Männer der Politik,**
Hg.: Werner Schmid, Verlag St.Josef, Kleinhain, 2009, 465 S.

Caterina von Siena, Meditative Gebete,
Hg.: P.Hilarius M. Barth O.P., Johannes-Verlag Einsiedeln, 1980, 165 S.

Ergänzend wurde verwendet:

Schl **Marianne Schlosser, Katharina von Siena begegnen,**
St.Ulrich Verlag GmbH, Augsburg, 2006, 176S.